# 예레미야

Jeremiah

Jeremiah
Jeanne Guyon


P.O.Box 3317
Jacksonville,Fl 32206



예레미야

지 은 이 잔느귀용
옮 긴 이 방영주

초판발행 2007. 8.31
4쇄발행 2016. 8.10

펴 낸 이 허 철
펴 낸 곳 도서출판 순전한 나드
등록번호 제 313-2003-00162
주 소 서울특별시 강남구 언주로69길 16, (역삼동) 2층
도서문의 02)574-6702
Fax 02)574-9704
홈페이지 www.purenard.co.kr

ISBN 978-89-91455-86-3 03230

주석

# 예레미야

Jeremiah

기독인의
더 깊은 삶을 위한
해설과 묵상

잔느 귀용
옮긴이 방영주

순전한 나드
PURE NARD

## 출판 노트

이 책에서 잔느 귀용은 모든 장와 모든 행에 주석을 달고 있지는 않다.
그녀의 주석은 이 책에서 그녀가 드러내고자하는 주제에 맞게
의도적으로 선별하여 주석한 것이다.

· 없는 장 : 6, 8, 14, 16, 19, 21~29, 35, 37, 40, 41, 44~52장

# Contents

# 서 론

예레미야는 베냐민 지파에 속한 사람으로 베냐민의 제사장 도시인 아나돗 출신의 선지자였습니다. 그는 모태에서부터 하나님의 선지자로 부르심을 받았고 어려서부터 그 직무를 수행하였습니다. 그의 전 생애를 통해 예레미야는 그 이름이 갖는 의미처럼 주님 앞에서 온전한 삶을 살았는데, 고난 가운데에도 자신의 맡겨진 임무를 감당하고 자신을 박해하는 사람들을 사랑으로 품었으며, 그들의 폭력에 의해 내몰리고 그들의 손에 죽임을 당함으로 장차 다가오실 예수 그리스도의 형상을 나타내었다고 할 수 있습니다. 그는 결국 갈대아 왕조 고돌리아 총독 때 이집트에 포로로 잡혀간 유대인들에 의해 유대전통에 따라 돌에 맞아 순교합니다.

예레미야의 글들을 누가 집대성했는지는 분명하지 않지만, 추정컨대 선지자 바룩이 모아서 기록한 것으로 전해집니다.

# 예레미야의 예언

# 1장

**예레미야 1:4-5**

여호와의 말씀이 내게 임하니라 이르시되 내가 너를 복중에 짓기 전에 너를 알았고 네가 태에서 나오기 전에 너를 구별하였고 너를 열방의 선지자로 세웠노라 하시기로

여기서 예레미야에 대하여 기록된 것들은 아마도 하나님의 부르심에 의해 특별한 소명을 띠고 그 임무를 수행하는 모든 사람들을 언급한 것으로 보아야 합니다. 하나님은 태초에 그들을 부르시고, 심지어 어떠한 경우에는 모태에서부터

택하셔서 그들을 거룩하게 구별하셨으며 그 택하시고 부르신 자들에게 임무를 주어 수행케 하셨습니다. 하나님은 이러한 사람들을 하나님의 계획에 따라 세상에 내보내셨고 여러 민족의 선지자로 세우셨습니다. 그러나 하나님의 이러한 특별한 부르심은 아주 드문 것이었습니다.

---

**예레미야 1:6**

**내가 가로되 슬프도소이다. 주 여호와여 보소서. 나는 아이라 말할 줄을 알지 못하나이다.**

하나님께서 택하여 다른 사람들을 돕기 위해 보내신 자들은 종종 그들 스스로는 자격이 없다고 생각하였고 그 임무를 수행할 마음조차 갖지 않았을 뿐더러 그들 존재가 세상에 드러나 알려지는 것을 원치 않던 사람들이었습니다. 예레미야가 자신에게 주신 하나님 말씀에 대해 이의가 있다는 표현으로 '아, 슬프도소이다' 라고 언급한 것은 자신이 그 일을 감당하기 어렵다는 것에 대한 예레미야 선지자의 놀람과 당혹감의 표시인 것입니다. 그는 하나님의 특별한 종으로 보내심을 받을 의향조차 없었기 때문에 그 자신이 그 일을 감당할 수 없는 무능력한 존재로 여겼습니다. 예레미야는 하나님의 거룩한 말씀을 전하기에는 자신이 하나님 보시기에 너무 하찮은 존재라고 생각하였고, 더욱이 자신은 어린 아이므로 오히려 하나님께서 마음을 돌이키시길 요청합니다. 그러나 그가 그 일을 수행하기에 자신이 매우 적합하지 않다고 여길지라도 하나님께서는 그 임무를 수행할 적합한 자로 보신 것입니다. 그 이유는 하나님께서는 하나님의 말씀을 인간의 말을 섞어서 사용하지 않을 순진한 어린아이를 원하셨기 때문입니다.

---

**예레미야 1:7-9**

여호와께서 내게 이르시되 너는 아이라 하지 말고 내가 너를 누구에게 보내든지 너는 가며 내가 네게 무엇을 명하든지 너는 말할지니라. 너는 그들을 인하여 두려워 말라. 내가 너와 함께하여 너를 구원하리라. 나 여호와의 말이니라 하시고. 여호와께서 그 손을 내밀어 내 입에 대시며 내게 이르시되 보라 내가 내 말을 네 입에 두었노라.

예레미야는 사실상 위대한 선지자의 모든 자격을 갖춘 자였습니다. 그는 순진무구한 어린아이같았기 때문에 하나님의 말씀을 인간의 생각으로 판단하여 전하지 않을 것이며, 하나님께 전적으로 자신을 드리고 하나님이 가라 명하시면 어디든지 갈 수 있는 마음을 지닌 자입니다. 그것은 그가 어떠한 장소나 어떠한 일에 얽매이지 않았으며, 자신을 위한 재산도 소유하지 않았고 언변도 부족하였기 때문에 오히려 하나님께서는 그를 택하시고 그에게 명하신 것입니다. "내가 네게 무엇을 명하든지 너는 말할지니라. 나의 권능의 손을 내밀어 네 입에 대므로 내 말을 네 입에 둘 것이며 나와 네가 하나가 될 것이다." 이러한 하나님의 손길이 자신의 입에 닿음으로 인해 자신의 입이 하나님의 영과 연합하게 되고 더 이상 인간의 의지에 의해 영향을 받지 않게 되며 하나님의 말씀은 그의 영으로 스며듭니다. 여기서 '나의 말을 네 입에 두었노라' 는 표현은 나의 영혼의 중심이 하나님의 말씀으로 채워지면 그것이 나의 말이 될 것이고 이 말 외에 다른 말은 하지 않을 것이며 그것이 나의 말이자 하나님의 말씀이 된다는 것을 의미합니다. 또한 하나님께서 어디로 이끄시든지 나는 단지 통로일 뿐이며 하나님의 진리를 나르는 그릇이 됩니다. 다시 말해서 내가 전할 이 말씀이 그 자체가 될 것이며 하나님께서는 나와 함께 동행할 것입니다.

**예레미야 1:10**

보라. 내가 오늘날 너를 열방 만국 위에 세우고 너로 뽑으며 파괴하며 파멸하며 넘어뜨리며 건설하며 심게 하였느니라.

오, 주님! 나의 하나님, 이것이 무슨 말씀이신지요! 주님은 뿌리채 뽑으며 파괴하며 파멸하며 넘어뜨리기 위해 선지자를 보내신다는 것인가요? 마치 세례요한으로 하여금 많은 사람들에게 주의 길을 예비하라고 외치게 하셨던 것처럼(마태복음 3:3), 이것이 마땅히 행할 선지자의 임무인가요? 아무리 숭고하다 할지라도 주님께 속한 것이 아닌 모든 것은 그곳에서 돌이키지 않는다면 뿌리채 뽑아버리고 파괴하고 넘어뜨리지 않고는 주님은 우리에게서 당신이 들어오셔서 거하실 처소의 문을 찾을 수가 없다는 것인가요? 왜냐하면 우리의 자아가 존재하는 한 당신은 들어올 수 없기 때문입니다. 그러기에 주님은 그것을 파괴하시고 파멸시키시고 그 위에 비로소 건설하시며 새로운 것을 심으시기를 원하십니다. 그곳에 예수 그리스도를 심으신다는 것은 영원히 친밀한 하나가 되는 것이며 아마도 주님은 그 안에 살아계실 것이며 그렇지 않고서는 아무것도 아니라는 것이지요.

오, 예레미야 선지자여! 당신은 다가올 메시야를 위해, 많은 영혼들을 위해 길을 예비했던 진정한 선지자입니다. 이사야 선지자는 메시야가 이 땅에 오심을 예언했고, 당신은 세례요한처럼 오실 예수 그리스도의 길을 준비시키기 위해 보내신 자입니다.

---

**예레미야 1:11-12**

여호와의 말씀이 또 내게 임하니라. 이르시되 예레미야야 네가 무엇을 보느냐. 대답하되 내가 살구나무 가지를 보나이다. 여호와께서 내게 이르시되 네가 잘 보았도다. 이는 내가 내 말을 지켜 그대로 이루려 함이니라.

사도바울이 갈라디아서 4장 19절에서 "너희 속에 그리스도의 형상이 이루기까지 다시 너희를 위하여 해산하는 수

고를 하노라" 라고 말했던 것처럼, 하나님의 말씀이 우리에게 임하시면 큰 진리를 깨닫게 되는데 그것은 마치 살구나무 가지가 그 위에 움트는 어린 새싹이 꽃을 피워 나가는 것을 지켜보는 것과 같습니다. 이 가지는 하나님의 통치하시는 주권을 의미하는데, 만약 각 사람의 마음이 하나님의 말씀을 듣고 꽃을 피울 준비가 되어 있다면 각 사람의 마음속에 꽃은 활짝 피어날 수 있게 됩니다. 이와 같이 곧은 나뭇가지는 뭇 사람의 영혼을 보호하기 위해 그 꽃이 잘 피어나기를 지켜보며, 어린 새싹이 꽃으로 피어나는 것을 지켜보는 것과 같이 꽃이 또한 잘 성장하도록 지켜보면서 하나님의 뜻에 따라 눈에 보이는 열매를 맺을 수 있기까지 돌보아 줍니다. 우리 또한 하나님의 신실하심과 우리를 향한 사랑과 돌보시고 지켜주심에 늘 감사하는 마음으로 곧은 가지처럼 하나님만을 바라보아야 합니다. 하나님은 쉬지도 않으시고 그의 말씀의 역사를 지켜보십니다. 왜냐하면 하나님은 언제나 동일하시고 새로 보태거나 더함도 없이 늘 자신 속에서 흘러나오는 동일한 말씀을 주시고 그것이 결실을 맺기를 원하시기 때문입니다. 즉 세상과 피조물을 위해 하나님은 동일하게 말씀하시며 그 말씀을 이루고자 하십니다.

# 2장

**예레미야 2:1**

여호와의 말씀이 내게 임하니라.

예수 그리스도는 창조적인 말씀 – 말씀인 동시에 하나님 – 으로 나의 마음속에 들어와 나로 하여금 세상에 나가 예수 그리스도를 선포하고 전하게 하셨습니다.

**예레미야 2:2**

가서 예루살렘 거민의 귀에 외쳐 말할지니라. 여호와께서 이같이 말씀하시기를 네 소년 때의 우의와 네 결혼 때의 사랑 곧 씨 뿌리지 못하는 땅, 광야에서 어떻게 나를 좇았음을 내가 너를 위하여 기억하노라.

하나님은 시련 가운데 처한 사람들을 불쌍히 여기시며 잘 이겨내길 원하십니다. 그리고 그들이 겪는 고난이 크면 클수록 하나님의 그들에 대한 사랑도 더 강한 법입니다.

**예레미야 2:12-13**

너 하늘아. 이 일을 인하여 놀랄지어다. 심히 떨지어다. 두려워할지어다. 여호와의 말이니라.

내 백성이 두 가지 악을 행하였나니 곧 생수의 근원 되는 나를 버린 것과 스스로 웅덩이를 판 것인데 그것은 물을 저축하지 못할 터진 웅덩이니라.

오, 가엾은 영혼들이여! 그대들은 일찍이 거룩한 존재들이었거늘 이제는 하나님께로 인도될 문인 자신을 부인하는 길에서 벗어나 방황하며 놀람과 슬픔에 처했구나. 하나님은 당신 자신을 위해 그대들을 하나님의 백성으로 택하시고 당신으로부터 흘러나오는 생수의 물줄기를 그대들 속에 솟아나는 샘물로 주어 영생을 주셨건만(요한복음 4:14; 7:38), 그대들은 그 영생의 샘물을 떠나 피조물의 수고를 즐기며 물이 고이지 않는 구멍난 우물만을 파고 있구나.

여기서 우리는 생수가 솟아나는 샘물과 그 원천은 하나님 당신의 역사지만, '웅덩이' 곧 우물은 단지 피조물의 소산임을 기억해야 합니다. 하나님께서는 다만 당신께 의탁하기만 하면 생명의 물을 그렇게도 쉽사리 얻을 수 있는 인간이 그 인생이 다하도록, 무한한 고통 속에, 소용없는 우물을 파고 있음을 슬퍼하십니다. 무엇보다도 인간의 손으로 판 우물들은 결함이 많아서 참 생명의 물을 담아둘 수 없다는 것입니다.

**예레미야 2:22**

주 여호와 내가 말하노라. 네가 잿물로 스스로 씻으며 수다한 비누를 쓸지라도 네 죄악이 오히려 내 앞에 그저 있으리니

오, 하나님! 우리의 은밀한 죄를 깨끗케 하실 분은 오직 당신 외에는 아무도 없습니다. 그리고 그러한 죄를 우리 모두가 갖고 있음을 압니다. 얼마나 열심히 우리의 힘으로 우리의 죄를 깨끗케 하고 우리의 보기에 아무리 깨끗케 보이려 해도 우리는 항상 하나님 보시기에 더러울 뿐 정결치는 못합니다. 오직 당신만이 우리의 죄로 인한 그러한 정결치 못함을 깨끗케 하실 수 있습니다.

**예레미야 2:23**

네가 어찌 말하기를 나는 더럽히지 아니하였다 바알들을 좇지 아니하였다 하겠느냐 골짜기 속에 있는 네 길을 보라. 네 행한 바를 알 것이니라. 너는 발이 빠른 젊은 암약

대가 그 길에 어지러이 달림 같았으며.

오직 하나님 당신만이 우리 조상으로부터 내려오는 죄와 내 속에 거하는 죄를 깨끗케 하실 수 있는데 어찌하여 우리 인생들이 스스로를 정결하다고 말하겠습니까? 우리는 지상에서 순례하는 동안 우리가 저지르는 죄악들을 영적 수치심 속에서 깨닫고 분별해야 할 것입니다. 또한 우리가 정결하다고 여겼던 것들이 결코 정결하지 못했음을 인정해야 할 것입니다.

# 3장

**예레미야 3:14**

나 여호와가 말하노라. 배역한 자식들아 돌아오라. 나는 너희 남편임이니라. 내가 너희를 성읍에서 하나와 족속 중에서 둘을 택하여 시온으로 데려오겠고

하나님은 마치 집을 나간 아내가 남편에게 돌아올 것과 같은 확신을 가지고 우리 모두가 주님께로 돌아오도록 초청하십니다. 주님은 우리에게 이와 같이 말씀하십니다: '내가 너희를 받아들일 것이고 너희를 나에게로 데리고 올 것이다.

마치 아내가 남편에게로 돌아가 한 몸을 이루듯이 너희는 내게로 와서 나와 함께 연합하길 원한다.' 주님과 한 몸을 이루기 위해 우리는 부르심을 받았다는 것을 잊어선 안됩니다. 그런데 슬픈 것은 실제로 이렇게 우리가 하나님께로 돌아가 하나로 연합되는 것을 도와주고 이끌어 줄 목자가 없다는 안타까운 사실입니다. 그러나 하나님은 직접 우리를 당신께로 데리고 갈 것입니다. 그럼에도 불구하고 우리는 주님께 손을 내밀지 않을 것이고 오히려 우리를 버리고 도망갈 다른 피조물들에게 종종 우리 자신을 위탁하곤 합니다.

---

**예레미야 3:15**

**내가 또 내 마음에 합하는 목자를 너희에게 주리니 그들이 지식과 명철로 너희를 양육하리라.**

하나님은 양들을 당신에게로 바로 인도할 목자들이 없기 때문에 이 세상에 무질서와 혼란이 혼재할 것임을 알고 계십니다. 그러므로 하나님은 전심으로 당신에게로 돌아오려는 자들에게 하나님의 뜻에 따라 바른 길을 인도해 줄 목자를 보내주시겠다고 약속하십니다. 그 목자들이야 말로 양들을 참된 진리와 명철로 양육시킬 것이고, 또한 양들에게 하나님께서 주신 모든 은혜에 감사하고 즐거워하며 오직 의지할 분은 주님뿐임을 가르쳐줄 것입니다.

**예레미야 3:20-22**

그런데 이스라엘 족속아 마치 아내가 그 남편을 속이고 떠남같이 너희가 정녕히 나를 속였느니라. 여호와의 말이니라. 소리가 자산 위에서 들리니 곧 이스라엘 자손의 애곡하며 간구하는 것이라. 그들이 그 길을 굽게 하며 자기 하나님 여호와를 잊어버렸음이로다. 배역한 자식들아 돌아오라. 내가 너희의 배역함을 고치리라.

아! 참으로 허망한 일이 아닐 수 없습니다! 하나님 당신은 지극히 선하시기에 우리 인생들이 당신에게로 돌아오기만을 애타게 기다리시는데, 패역한 인간들은 오직 사랑을 주시기를 기뻐하시는 하나님을 배반하였습니다. 오, 사랑의 하나님! 우리를 조금도 당신보다 낮은 자로 여기지 않으시고 오직 주님이 우리의 연인이 되기를 간절히 원하시는데, 우리 인간들은 패역하여 우리에게 모든 것을 주신 분이 하나님임을 알지 못한 채로 배역을 하였나이다. 그러나 주님의 긍휼은 우리의 되풀이되는 배역을 우리 탓으로 돌리지 않으시고, 또한 주님은 우리를 부르시며, 비록 당신의 사랑을 주시기 위해 기다리던 우리 인간들이 또다시 주님을 잊을지라도 변함없는 자비로움으로 또 다시 부르시고 계십니다.

'오, 나의 자녀들이여! 아버지의 마음으로 내가 그리워하는 내 자녀들이여, 내게로 돌아오라. 나를 버리고 떠났을지라도 다시 돌아오라. 내가 너의 모든 죄를 치유하리라.' 하나님은 우리가 비록 주님을 버리고 떠났을지라도 다만 당신께로 돌아오기만을 요청하시며 돌아오기만 하면 영원한 안식을 얻게 해주실 거라고 약속하십니다. 그러므로 하나님의 인도하심을 버리고 떠났던 이스라엘 자손들은 다만 하나님께로 다시 돌아왔을 뿐입니다. 그리고 그들이 돌아왔을 때 하나님은 그들에게 다시 은혜를 베푸셨고 인도자가 되어 주셨습니다. 누구든 단지 주님께 돌아와 이와 같이 말하면 됩니다: "보소서. 우리가 주님께로 다시 돌아왔습니다. 당신은 주 하나님이시니 당신의 뜻대로 우리를 이끄소서."

**예레미야 3:23**

작은 산들과 큰 산 위의 떠드는 무리에게 바라는 것은 참으로 허사라. 이스라엘의 구원은 진실로 우리 하나님 여호와께 있나이다.

우리가 하나님께로 돌아와 지식과 명철로 다시 깨닫게 되었을 때야 비로소 인생들의 인도함 가운데는 거짓과 실패만이 있게 되었고 참된 생명은 하나님께로부터 주어지고 하나님 안에서만 가능하다는 것을 알게 됩니다. 그로 인해 우리는 다음과 같이 외칠 것입니다 "오! 하나님께로 돌아와 당신의 임재 안에 거하는 것이 얼마나 행복한지요! 우리의 영혼을 당신께 이끄시어 우리 영혼이 마침내 영생을 얻나이다."

# 4장

**예레미야 4:1**

여호와께서 가라사대 이스라엘아 네가 돌아오려거든 내게로 돌아오라. 네가 만일 나의 목전에서 가증한 것을 버리고 마음이 요동치 아니하며

오! 주님, 만약 주님의 넘치는 기쁨이 이 영혼의 주님에게로의 귀환에 달려있다고 하신다면, 그보다 더 강하고 그보다 더 부드러운 설득은 없습니다. 우리들이 당신께로 돌아오기만을 간절히 바란다고 수천 번을 거듭 말씀하시면서 주님

당신은 간청하십니다. 그런데도 어찌하여 우리들은 주님을 믿지 않는지요? 긍휼의 하나님은 이렇게 말씀 하십니다: '오! 나의 백성이여, 너희가 내게로 돌아오기만 한다면 내가 너희를 행복하게 해줄 것이다. 나를 위해 택한 나의 백성들이 오직 돌아오기만 기다리고 있음을 나는 너희에게 간절히 전하건만 너희는 그것을 들으려하지 않는구나! 내게로 돌아오라. 우리의 하나됨을 가로막는 이 돌들을 치우라. 그리하면 내가 네게로 가서 우리가 하나가 되리라.' '우리의 하나 됨을 가로막는 돌들을 치우라' 는 주님의 표현이 얼마나 감격스러운지요! 하나님의 얼굴을 보지 못하게 가로막는 장애물들이야말로 우리로 하여금 하나님께로부터 돌아서게 하는 요인입니다. 장애물이 가로놓인 상태에서는 우리는 하나님의 얼굴이 발하는 빛나는 미소를 받을 수가 없습니다. 그러나 우리가 하나님을 향해 돌아서기만 한다면 그의 얼굴에서 빛나는 광선이 우리에게 임할 것이고, 우리가 하나님께로 돌아가는 것을 막는 모든 장애물들은 사라질 것입니다.

주님은 이렇게 말씀 하십니다: '오! 영혼들이여, 내가 너희와 하나되는 연합을 위해 장애물을 치우기만 한다면 나는 너희를 내게로 이끌 것이며 너희가 내게로 와서 온전한 연합을 이룬다면 너희는 어떠한 것도 두려워할 것이 없음은 보호자인 내가 어떠한 해악도 너희에게 미치지 못하게 할 것임이라.'

---

**예레미야 4:2**

진실과 공평과 정의로 여호와의 삶을 가리켜 맹세하면 열방이 나로 인하여 스스로 복을 빌며 나로 인하여 자랑하리라.

그러면 우리는 더 이상 우리 자신을 의지하지 않을 것이며, 오직 주님이 우리 안에 거하시고 우리가 주님 안에 거함으로 우리 안에 행하시는 주님의 진리를 다른 사람들에게 나타내 보여줄 것이고 주님의 의를 많은 사람들에게 전하게 될 것입니다. 주님의 진리가 우리의 마음과 뜻에 들어오게 되면 우리는 잘 말할 수 있는 능력을 더 갖게될 것이며, 동시에 주님은 세 가지, 즉 의와 심판과 진리로 우리의 마음과 영을 채우실 것입니다. 그때 하나님은 찬양받으시고 이 문으로 들어오도록 초대받은 모든 주의 백성들을 축복하시되 이것을 맛보고 경험하는 모든 자들에게는 즐거움이 흘러넘칠 것입니다.

**예레미야 4:4**

유다인과 예루살렘 거민들아 너희는 스스로 할례를 행하여 너희 마음 가죽을 베고 나 여호와께 속하라. 그렇지 아니하면 너희 행악을 인하여 나의 분노가 불같이 발하여 사르리니 그것을 끌 자가 없으리라.

할례를 받는 것은 하나님께 속하지 않은 모든 것으로부터 분리되고 자유로워지는 것을 의미합니다. 하나님께로 돌아오는 영혼들은 동시에 하나님과 거리낌이 없어지고, 하나님을 멀리하게 했던 모든 요인들을 하나님께서 직접 제거해 버리십니다. 이것이 마음의 할례입니다. 이것은 자신의 의지대로 행하려 했던 모든 것을 잘라내는 것을 의미하며, 우리 자신의 의지를 전적으로 항복시킴으로써 오로지 하나님의 뜻에 따라 행하는 것을 의미합니다. 이것이야말로 우리의 영혼이 수고를 다하여 이루려는 진정한 회개인 것입니다.

**예레미야 4:23-25**

내가 땅을 본즉 혼돈하고 공허하며 하늘들을 우러른즉 거
기 빛이 없으며. 내가 산들을 본즉 다 진동하며 작은 산들
도 요동하며. 내가 본즉 사람이 없으며 공중의 새가 다 날
아갔으며

여기서 '공허'한 상태에 놓인 영혼에 대한 묘사를 살펴봅시다. 그 영혼은 자신의 마음이 완전히 혼돈되고 공허함을 느끼게 됩니다. 이 세상에 있는 어떤 것도 그것이 아무리 하찮다 할지라도 그의 것으로 남는 것은 없습니다: 그렇습니다. 무엇보다도 천국은 그 영혼에게 희미해지고 맙니다. 왜냐하면 그에게는 천상과 지상의 연결이 모두 사라져 버렸기 때문입니다. 그에게 하늘과 땅은 영원히 갈라져 있습니다.

높은 경험의 차원에 있는 영혼들은 그와 같은 영혼의 처지를 보며 두려워 떱니다. 만약 그 영혼이 자신이 처한 이러한 상태를 직면하게 되면 스스로도 몹시 두려워 할 것입니다. 만약 하나님이 그로 하여금 그 자신의 상태를 보게 하신다면 그는 두려움에 사로잡혀 사시나무처럼 떨 것이고 그의 모든

지각능력은 경악한 나머지 무력화될 것입니다. 그에게 영적 세계는 한 줄기 빛도 없이 깜깜해지고, 인간 세상도 소멸하고 말 것입니다. 의지할만한 그 무엇도, 선악을 분별했던 재능도 일체 사라져 버리기 때문입니다. 이런 상태에서 인간은 모든 지식을 상실하게 되며, 모든 빛은 하나님의 뜻에 따라 거두어지게 됩니다. 하늘을 나는 새와 같이 축복의 빛 가운데 거하는 영혼들은 그 공허한 영혼으로부터 멀리 떠나 있습니다. 그들은 그러한 공허를 알지도 못합니다. 그들에게는 그것을 받아들이고자 하는 마음이 아예 없기 때문입니다.

---

**예레미야 4:26**

**내가 본즉 좋은 땅이 황무지가 되었으며 그 모든 성읍이 여호와의 앞 그 맹렬한 진노 앞에 무너졌으니.**

하나님께서 우리들을 하나님의 자녀로 삼고 싶어 하실 때는 우리가 가진 모든 것을 포기하고 하나님께 나아가야 합니다. 이것이 바로 모든 것이 무너지고 황무지로 남게 되는 이유인 것입니다.

# 5장

**예레미야 5:3**

여호와여 주의 눈이 성실을 돌아보지 아니하시나이까.

하나님은 우리의 영혼 속에서 성실 곧 진리와 하나님에 대한 믿음 이외에 다른 어떤 것을 찾지 아니하십니다. 하나님에 대한 우리의 믿음으로 말미암아 하나님께서는 우리의 수많은 결점을 돌아보지 아니하십니다. '믿음으로 정결케 되었노라' 고 예수 그리스도께서 나병환자에게 말씀하십니다. 참 진리이신 하나님에 대한 우리의 믿음에 따라 우리도 정결케 될 것입니다.

# 7장

**예레미야 7:28**

**너는 그들에게 이 모든 말을 할지라도 그들이 너를 청종치 아니할 것이요 네가 그들을 불러도 그들이 네게 대답지 아니하리니.**

우리 가운데는 어떠한 믿음과 진리도 없습니다. 우리의 믿음의 증거는 우리 속에서 말씀하시는 하나님의 음성을 듣는 것과 때때로 우리에게 다가서는 모든 십자가와 근심과 고통을 기쁨으로 받아들이는 태도에서 보여질 수 있습니다. 그러나 하나님의 음성을 청종하지 않고 하나님을 위해 고난을 감내하지 않는 사람들은 그들 속에 이미 있는 믿음이나 진리 조차도 점차로 잃어가게 될 것입니다.

# 9장

예레미야 9:23-24

여호와께서 이같이 말씀하시되 지혜로운 자는 그 지혜를 자랑치 말라. 용사는 그 용맹을 자랑치 말라. 부자는 그 부함을 자랑치 말라. 자랑하는 자는 이것으로 자랑할지니 곧 명철하여 나를 아는 것과 나 여호와는 인애와 공평과 정직을 땅에 행하는 자인 줄 깨닫는 것이라. 나는 이 일을 기뻐하노라 여호와의 말이니라.

하나님은 자신의 지혜와 자신의 힘으로 영광의 자리를

구하는 자를 원하시지 않으며, 자신의 재능이나 능력으로 부자가 된 자들을 기뻐하지 않으십니다. 왜냐하면 이 모든 것들은 끝내 다 멸망할 것이기 때문입니다. 오히려 자신의 지혜와 능력과 부가 다 하나님께 속한 것이라고 여기고, 자신은 약한 존재이며 어리석고 가진 것이 없으며 오직 하나님의 은혜 가운데 하나님의 역사하심이 이루어지기를 갈망하는 자나 하나님 안에서 모든 의를 이루려는 자를 하나님께서는 영화롭게 하십니다. 왜냐하면 하나님만이 모든 능력을 가지신 만유의 주재이시기 때문입니다. 하나님께서 금방이라도 거두어 갈 수 있는 지혜자의 지식이나 강한 자의 힘이 하나님을 기쁘게 하지 못합니다. 하나님이 만유의 주재임을 깨닫는 지혜야말로 하나님을 기쁘시게 하는 것입니다.

# 10장

**예레미야 10:21**

목자들은 우준하여 여호와를 찾지 아니하므로 형통치 못하며 그 모든 양떼는 흩어졌도다.

많은 영혼들이 성장하는데 있어서 어려움을 겪는 까닭은 그들을 인도하는 목자 때문이기도 합니다. 왜냐하면 이 목자들은 온 마음을 다하여 하나님을 찾지도 아니하며 하나님의 음성을 듣고 행하려고 하지도 않기 때문입니다. 또한 그들은 하나님의 인도하심에 대해서도 제대로 알고 있지 못하므로 양떼들을 잘 양육하지도 못합니다. 그러므로 양떼는 흩어지고 딴 길로 가기 때문에 결국에는 하나님께로 돌아오지 못하게 되는 것입니다.

---

**예레미야 10:23-24**

여호와여 내가 알거니와 인생의 길이 자기에게 있지 아니하니 걸음을 지도함이 걷는 자에게 있지 아니하나이다. 여호와여 나를 징계 하옵시되 너그러이 하시고 진노로 하지 마옵소서. 주께서 나로 없어지게 하실까 두려워하나이다.

우리 인간의 길이 우리 자신의 선택대로 되지 않는다 할지라도 우리는 우리 자신을 하나님께 전적으로 드리기를 선택해야 합니다. 우리 자신의 힘으로 살아갈 수 없다고 느낄 때 더욱 그렇게 선택해야 합니다. 하나님은 하나님께 전적으로 의지하는 영혼을 항상 인도하시고 이끌어 주십니다. 그러므로 선지자는 하나님의 심판에 의해 고침을 받기를 구해야 합니다. 왜냐하면 그 고침 받음으로 인해 영혼이 하나님께로 되돌아갈 수 있기 때문입니다. 선지자는 단지 하나님의 공의로우심만을 갈망하면 됩니다. 하나님의 심판은 자비와 연민이기 때문입니다. 하나님의 자비와 연민은 믿음 안에서 십자가의 길을 따라 살아가는 인간들의 유산이지 하나님의 진노 가운데 살아가는 악한 자들의 유산이 아닙니다. 하나님은 사랑하시는 자를 자비와 연민으로 징계하시되, 악한 자들은 진노로 벌을 내리시는 분이십니다.

# 11장

**예레미야 11:3**

그들에게 이르기를 이스라엘의 하나님 여호와께서 이같이 말씀하시되 이 언약의 말을 좇지 않는 자는 저주를 받을 것이니라.

하나님은 평강과 연합의 언어로 말씀하시길 원하십니다. 하나님의 음성을 듣고 행하는 사람은 행복합니다. 그러나 하나님의 음성을 청종하지 않는 자는 행복해질 수 없으며 진정한 평강을 누리지 못합니다. 왜냐하면 그들은 하나님의 평강과 하나되지 못했기 때문입니다.

---

**예레미야 11:4**

**이 언약은 내가 너희 열조를 쇠풀무 애굽 땅에서 이끌어 내던 날에 그들에게 명한 것이라. 곧 내가 이르기를 너희는 나의 목소리를 청종하고 나의 모든 명령을 좇아 행하라. 그리하면 너희는 내 백성이 되겠고 나는 너희 하나님이 되리라.**

하나님은 오직 그의 음성을 듣고 그 뜻에 순종하기를 원하십니다. 하나님의 음성을 듣는 자는 하나님의 뜻을 알고 그 뜻대로 행할 것이고, 하나님 안에 거하는 자에게 하나님도 함께 거하시길 원하십니다.

# 12장

**예레미야 12:11**

그들이 이를 황무케 하였으므로 그 황무지가 나를 향하여 슬퍼하는도다. 온 땅이 황무함은 이를 개의하는 자가 없음이로다.

우리의 마음속에서 생각하고 말하는 것이 하나님의 뜻과 합해져야만 합니다. 그것이야 말로 진정한 하나님의 임재이며, 하나님의 임재 안에 거하는 자들만이 온전함의 시작을 이룰 수 있기 때문입니다. 우리 속의 황무함은 하나님에 대한 망각으로부터 오는 것입니다. 우리의 마음속에 하나님의 임재를 구하는 것, 즉 우리 속에 하나님과의 연합을 원하며 하나님의 얼굴을 구하는 것은 가장 쉬운 일입니다. 우리의 영혼이 하나님과의 친밀함 속에 겸손히 기다리면 곧 하나님을 만나게 될 것입니다. 하나님의 임재는 몇마디 말로 설명되어지지 않습니다. 하나님은 우리가 경험할 수 있는 방식으로 하나님 자신을 나타내 보여 주십니다.

# 13장

**예레미야 13:1, 3, 4**

여호와께서 이같이 내게 이르시되 너는 가서 베띠를 사서 네 허리에 띠고 물에 두지 말라 하시기로. 여호와의 말씀이 다시 내게 임하니라 가라사대, 너는 사서 네 허리에 띤 띠를 가지고 일어나 유프라테스 강으로 가서 거기서 그것을 바위틈에 감추라 하시기로

하나님은 우리가 우리 자신을 위해 갖고 있는 자기 의를 완전히 버리고 하나님의 의로 무장되기를 원하십니다. 우리

는 하나님이 주시고자 하는 옷을 입게 될 때 창조자의 권리에 의해 다시 하나님께 속하게 되며 하나님은 이전에 우리를 타락하게 했던 오염된 물에 더 이상 우리의 옷을 빨기를 허락지 아니 하십니다. 오염된 물에 옷을 빠는 것은 타락이며 덧없이 사라지는 세상과의 연합을 의미합니다. 그와 반대로 우리의 의를 은밀한 '바위' 속에 숨겨야 하며 거기에 거하되 모든 교만을 물리치고 안전히 거해야 합니다. 이러한 하나님의 뜻에도 불구하고 인간은 그것을 받아들이려 하지 않으며 자신의 의를 쫓아 행하며 그 의를 신뢰하고 결국에는 자기의 의로 스스로를 옳다고 인정하는 자가 됩니다.

---

**예레미야 13:6, 7, 9**

여러 날 후에 여호와께서 내게 이르시되 일어나 유프라테스 강으로 가서 내가 네게 명하여 거기 감추게 한 띠를 취하라 하시기로, 내가 유프라테스 강으로 가서 그 감추었던 곳을 파고 띠를 취하니 띠가 썩어서 쓸데없이 되었더라. 나 여호와가 말하노라. 내가 유다의 교만과 예루살렘의 큰 교만을 이같이 썩게 하리라.

오! 주여, 우리 영혼의 내적인 삶에 속하는 것들에 대해 주께서 기뻐하시는 뜻을 따라 성경에 기록된 비유들이 얼마나 경이로운지요! 지존자이신 하나님이 인간의 판단으로는 신의 존엄성에 합당치 않아 보이는 그러한 사소한 것들조차 권념하시다니요. 그러나 하나님께서는 이 하찮아 보이는 것들을 통하여 두 가지 큰 결과를 보여주셨으니, 하나는 비천해 보이는 것들에 감춰진 놀라운 신비를 드러내심이요 또 하나는 사소한 일들을 담당케 하신 자들의 믿음과 순종을 단련시키신 것입니다. 우리의 세속적인 지혜와 강퍅한 마음은 이러한 것들을 헛되거나 사소한 일들로 그리고 행하기에 합당치 못한 어떤 것으로 치부해 버립니다. 그러나 하나님의 생각은 다르십니다. 오히려 이러한 일들이 당신이 관심을 기울이시기에 합당한 것으로 여기셨으며 따라서 그것들을 성경 속에 기록하셨습니다.

이 '감추인 띠'는 그 주인이 마음의 곳간에 쌓아둔 자기 의를 말합니다. 자기 의로 인해 그 주인은 스스로 보기에 훌륭하고 그 마음은 헛된 영광으로 가득 차게 됩니다. 자신의 행위를 스스로 옳다하고 자신의 마음속 깊은 곳에 품어둔 충만한 자존감으로 인해 안전함을 느낍니다. 그러나 이러한 자기 의로 충만한 자들에게 무슨 일이 일어나는지 봅시다. 주인이 결코 예상치 못하는 때에 쌓아둔 모든 것들이 썩어지고 소멸됩니다. 이러한 교만의 띠로는 허리를 졸라맬 수 없습니다. 그것은 하나님을 기쁘시게 못하며 어느 누구에게도 유익을 끼치지 못합니다. 실상 그 주인에게조차 유익하지 못합니다. 그것은 그 부패의 악취로 인해 정결케함을 요구합니다. 정결함을 얻음으로 비로소 영혼은 빛 속에 거할 수 있습니다.

---

**예레미야 13:11**

나 여호와가 말하노라. 띠가 사람의 허리에 속함같이 내가 이스라엘 온 집과 유다 온 집으로 내게 속하게 하여 그들로 내 백성이 되게 하며 내 이름과 칭예와 영광이 되게 하려 하였으나 그들이 듣지 아니하였느니라.

오, 주님! 당신은 누구와 그토록 친밀한 연합을 원하시는지요? 당신의 자녀들, 심지어 당신을 버리고 떠났던 자녀들과의 연합을 원하시나이까? 그렇습니다. 주님은 그들과 함께 매우 친밀하게 연합되길 원하셨고, 또 그렇게 해 오셨습니다. 우리가 우리 자신을 버리고 전적으로 하나님께 내어 드린 바 되었을 때 우리는 하나님 바로 그 이름과 영광과 찬양이 됩니다. 하나님을 버리고 떠난 자들은 하나님과 함께 하지도 않고 하나님을 위해 일하지도 않는 자들이며 그들 속에는 하나님을 위한 어떤 것도 없습니다. 하지만 그 어떠한 재능을 가졌든지, 인생의 목적이 무엇이든지, 자신의 존재 여부를 막론하고, 자기를 포기하거나 버릴 때 이 모든 것은 지존자의 영광과 찬양으로 바뀌게 됩니다.

오, 하나님! 얼마나 많은 인생들이 그토록 선하신 하나님으로부터 멀어졌는지요. 또한 하나님 없이 살아가고 있는지요. 그들은 당신을 버리고 떠난 자들에게도 돌아와 새로운 하늘나라의 생명의 분깃을 취하라고 요청하시는 하나님의 말씀을 들으려 하지도 않습니다.

---

**예레미야 13:16**

그가 흑암을 일으키시기 전, 너희 발이 흑암한 산에 거치기 전, 너희 바라는 빛이 사망의 그늘로 변하여 침침한 흑암이 되게 하시기 전에 너희 하나님 여호와께 영광을 돌리라.

우리는 너무 늦기 전에, 즉 우리의 영혼이 음부나 흑암의 구덩이 속으로 들어가기 전에 하나님께 영광을 돌려야 합니다. 왜냐하면 그 이후에는 더 이상 아무것도 할 수 없기 때문입니다. 어떻게 하나님이 우리에게서 영광을 받으시는 걸까요? 우리는 자신을 전적으로 포기함으로써 그리고 그의 뜻에 전적으로 순종함으로써 주님께 영광을 돌리게 됩니다. 자신의 의에 따라 살아가며 자신을 속이는 자들은 항상 어떤 다른 이상과 세상의 영화를 추구합니다. 그들은 자신의 의를 완전히 버려야 하는 기본적인 문제에서 실수를 범한 것이며, 결국 그들은 그들이 바라고 추구하는 계시를 발견하지도 못할 것입니다. 그렇습니다. 하나님은 참된 진리를 불가사의한 사망의 그림자 속으로 던지셨습니다. 매우 역설적으로 들릴지 모르나, 깊은 암흑 속에서 빛을 찾을 것이며 바로 그 빛 가운데서 어두움을 만날 것입니다. 사망이 생명 안에 나타날 것이고 참된 생명은 불가사의한 사망 가운데서 소생할 것입니다.

---

**예레미야 13:18**

너는 왕과 왕후에게 고하기를 스스로 낮추어 앉으라. 관

곧 영광의 면류관이 내려졌다 하라.

인간의 정신은 왕이며 인간의 의지는 왕비입니다. 그 둘 다 하나님 앞에 무릎을 꿇고 절하며 겸손해야 합니다. 스스로는 아무것도 아닌 존재로 여겨야 하고 아무 것도 아님으로 인해 스스로를 낮추어야 합니다. 왜냐하면 그들에게 주어졌던 아름다운 영광의 면류관은 이미 거두어졌기 때문입니다. 이성은 영혼의 면류관이고 영광입니다. 하나님은 그들로부터 그것을 거두시고 이 고귀한 재능을 어떤 식으로든 사용하길 금하십니다. 선한 행위를 뜻하고 그것을 성취하려는 것은 인간 의지의 영광입니다. 하나님은 모든 피조물의 욕망으로부터 면류관을 벗기시고 그 욕망을 파괴하십니다.

# 15장

**예레미야 15:16**

만군의 하나님 여호와시여 나는 주의 이름으로 일컬음을 받는 자라. 내가 주의 말씀을 얻어먹었사오니 주의 말씀은 내게 기쁨과 내 마음의 즐거움이오나

우리 영혼들은 우리 속에서 하나님의 말씀을 발견하자마자 어떤 귀중한 양식을 자신의 분깃으로 얻은 것과 같이 그 풍부함에 크게 기뻐하게 됩니다. 우리의 마음은 기뻐함으로 충만하며 그 영혼들은 살아있는 주의 말씀 가운데 계속 즐거

운 삶을 영위하게 됩니다.

오! 고독 가운데 하나님의 음성을 듣는 자들에게 부어지는 축복이여! 주의 음성은 크지 않으나 아름답고 또렷한 소리입니다. 그 소리는 우리 영혼들이 하나님께 전적으로 내어드린 바 되었을 때 느끼는 침묵 가운데에서만 들리는 '세미한 음성' 이며 그 침묵 속에서 우리는 우리 속에서 호흡하는 하나님 말씀의 아름다운 소리를 분별할 수 있습니다.

하나님의 말씀을 통하여 하나님의 뜻이 우리의 영혼 속으로 전달되고, 우리 가운데 역사하시는 하나님의 뜻은 하나님의 말씀이 마치 잘게 부수어진 빵이 우리 속에서 잘 흡수되는 것 같이 흡수되어 우리의 생명을 영원히 풍성하게 합니다. 이런 일들을 경험한 사람들은 위의 성경 말씀이 매우 암시적이면서 지극히 아름답다는 것을 발견하게 될 것입니다.

**예레미야 15:17**

내가 기뻐하는 자의 회에 앉지 아니하며 즐거워하지도 아니하고 주의 손을 인하여 홀로 앉았사오니 이는 주께서 분노로 내게 채우셨음이니이다.

예레미야는 어떠한 칭송을 받을 자격이 있는 것처럼 그가 해왔던 사역에 대해 떠들지 않았습니다. 오직 그는 전능자의 능력에 영광을 돌렸고, 오직 그 능력만이 그의 존재와 사역의 모든 것임에 즐거워하였습니다. 그는 하나님의 영광을 위해 오직 주의 능력이 역사했을 뿐 자신은 그 역사의 필수적인 한 부분이 아니라고 선포합니다. 그 자신은, 그 행위들이 다른 사람으로부터 온 것이든지 아니면 그 자신에 속한 것이든지, 피조물의 모든 행위들로부터 스스로를 떼어내어 홀로 앉아 있습니다. 예레미야는 그 자신을 무익한 존재로 여기고 하나님의 빛 앞에 전적으로 자신을 무가치한 존재로 드러내며 참으로 낮은 곳에 거하였습니다.

---

**예레미야 15:18**

**나의 고통이 계속하며 상처가 중하여 낫지 아니함은 어찜이니이까?**

우리의 영혼이 시련의 고통을 겪을 때에 하나님은 우리를 죽음의 상태로, 때로는 암흑의 날들로 이끄시길 원하십니다. 그때 우리의 고통은 영원히 지속될 것처럼 보이며 그 고통의 끝도 보이지 않아 절망만이 우리에게 남게 됩니다. 그러할 때 영혼의 상처가 생겨납니다. 그 벌어진 상처는 쉽사리 아물지 않아 불치의 병이 됩니다. 그리고 그 고통은 우리의 영혼에 자연스러운 어떤 것이 됩니다. 상처가 오래된 나머지 견딜만할 뿐 아니라 때로는 매우 익숙해진 나머지 즐길만한 것이 되기도 합니다. 그렇습니다. 우리 스스로가 상처의 치유를 거절하고 있다는 것을 깨닫는 것이 영적 자각입니다.

---

**예레미야 15:19**

여호와께서 이같이 말씀하시되 네가 만일 돌아오면 내가 너를 다시 이끌어서 내 앞에 세울 것이며 네가 만일 천한 것에서 귀한 것을 취할 것 같으면 너는 내 입같이 될 것이라. 그들은 네게로 돌아오려니와 너는 그들에게로 돌아가지 말지니라.

하나님께서 우리에게 관여하지 않으심이 아니며 주의 은혜가 고갈된 것도 아닙니다. 멀리 떠났던 우리들이 하나님께로 돌아오기만 한다면, 주님은 "내가 너를 다시 이끌어서 내 앞에 세울 것이며"라고 말씀하십니다. 이렇게 돌아오게 되는 것도 우리의 힘으로는 할 수 없음을 너무도 잘 알고 있습니다. 그것은 하나님의 돌보심과 보살핌에 그냥 맡김으로써만이 가능해집니다. 하나님이 하실 것입니다. 하나님의 능력 안에서 하나님께서 직접 우리를 하나님 앞에 세울 것입니다.

오! 하나님께서 우리 영혼들을 구원하시리라는 것은 얼마나 자명한지요! 하나님께서 우리로 하여금 하나님의 사랑 가운데 찬양 드리게 하시리라는 것은 또한 얼마나 자명한지요! 그러나 그러기 위해서는 무엇이 하나님께로부터 온 '귀한' 것인지 그리고 무엇이 인간으로부터 온 '천한' 것인지를 우리 영혼이 구별하고 분리할 수 있어야만 합니다. 그렇습니다. 그래야만 우리는 하나님의 입과 같이 될 것이며 많은 인간들의 자손들에게 하나님의 영광을 나타내게 될 것입니다. '천한 것에서 귀한 것을 취하는' 일은 우리 영혼으로 하여금 선한 모든 것은 하나님의 것으로 돌리고 악한 모든 것은 우리 자신의 것으로 돌리는 일을 행하게 합니다. 하나님께서 악한 것을 만드시지 않는 것처럼 인간은 자신의 능력으로는 어떠한 선한 것도 만들어낼 수 없다는 것을 깨닫게 되는 것입니다.

# 17장

**예레미야 17:5**

나 여호와가 이같이 말하노라. 무릇 사람을 믿으며 혈육으로 그 권력을 삼고 마음이 여호와에게서 떠난 그 사람은 저주를 받을 것이라.

우리 대부분의 인생들은 우리와 가까운 그 어떤 누군가를 신뢰하려고 하지 어느 누구도 오직 하나님만을 신뢰하려고 하는 사람은 없습니다. 그러나 하나님 외에 다른 누구를 신뢰하지 않는 사람이 복이 있습니다. 피조물에 속하는 것을 의지하는 자에게는 곤경이 따릅니다. 그렇습니다. 하나님의 충만한 능력은 의지하지 않고 인간의 육신에 속하는 것에 의지하는 자는 결국 스스로를 잃을 것이며, 그가 비록 그가 하나님을 가까이 하기를 원한다 할지라도 결국 하나님을 떠나게 됩니다.

---

**예레미야 17:7**

그러나 무릇 여호와를 의지하며 여호와를 의뢰하는 그 사람은 복을 받을 것이라.

오, 주님! 오직 당신만을 의지하는 자가 복이 있다고 말씀하십니다. 그러한 자만이 안전한 곳에 거할 것이며, 어떠한 악도 해하지 못할 피난처에 거할 것입니다. 그리하여 그는 멸망치 않을 것입니다. 모든 악이 그를 둘러 진치고 온갖 불행으로 인생의 역경 가운데 놓일 때조차도 그는 하나님께로부터 오는 생명을 확신합니다. 그러나 인간을 의지하는 자가 누리는 번영은 죽음에 이르는 첩경일 뿐입니다.

**예레미야 17:13**

**이스라엘의 소망이신 여호와여 무릇 주를 버리는 자는 다 수치를 당할 것이라. 무릇 여호와를 떠나는 자는 흙에 기록이 되오리니 이는 생수의 근원이신 여호와를 버림이니이다.**

오, 주님! 당신은 진실로 당신에게 자신을 전적으로 내어드린 자들의 소망이요 피난처이십니다. 주님을 떠난 자들은 수치를 당할 것입니다. 자신을 의뢰하고 모든 일을 세상적인 방법으로 해결하려는 자들은 세상적인 존재로 기록될 것이고, 세상 속에 묻힐 것입니다. 그러나 자신을 주님께 온전히 내어드린 자는 당신의 마음에 새겨질 것입니다. 하나님을 떠난 자는 생수의 샘물을 버리고 세상의 혼탁한 물을 마시기 위해 떠난 자들이며 그들은 갈증을 채우기 위해 마시고 또 마셔도 목마르게 할 물만을 찾는 것입니다.

**예레미야 17:14**

여호와여 주는 나의 찬송이시오니 나를 고치소서. 그리하시면 내가 낫겠나이다. 나를 구원하소서. 그리하시면 내가 구원을 얻으리이다.

오, 주님! 오직 당신만이 우리를 구원하실 수 있나이다. 나는 당신이 허락하신 이상의 건강도 원하지 않습니다. 나의 구원은 당신의 손에 있나이다. 만약 당신이 나를 구원하시면 내가 구원을 얻으리이다. 나는 주님에 의한 구원 외에는 어떠한 구원도 원치 않습니다. 주님만이 나의 영광이요 나의 찬송이십니다. 나는 주님께서 주님되심에 만족합니다. 내게 주어진 그 어떤 것으로 인해 주님을 찬양해야 한다고 생각하지 않습니다. 주님은 오직 당신의 영광에 의해 칭송받으시기 합당하십니다.

# 18장

예레미야 18:3-6

내가 토기장이의 집으로 내려가서 본즉 그가 녹로로 일을 하는데 진흙으로 만든 그릇이 토기장이의 손에서 파상하매 그가 그것으로 자기 의견에 선한 대로 다른 그릇을 만들더라. 때에 여호와의 말씀이 내게 임하니라. 가라사대 나 여호와가 이르노라. 이스라엘 족속아 이 토기장이의 하는 것같이 내가 능히 너희에게 행하지 못하겠느냐. 이스라엘 족속아 진흙이 토기장이의 손에 있음같이 너희가 내 손에 있느니라.

하나님은 이 성경구절을 통하여 우리가 주님께 자신을 전부 드리는 것이 얼마나 옳은지에 관한 놀라운 통찰력을 보여주심을 알 수 있습니다. 오, 주님! 이것이 얼마나 놀라운 진리인지요! 주님은 모든 것을 파괴하고 다시 세울 수 있는 능력자가 아니십니까? 오, 주님! 당신은 우리 안에서 또한 우리를 통하여 일하시기를 어찌나 기뻐하시는지요! 우리가 모든 것을 잃고 파괴되었을 때 우리는 가장 안전합니다. 오히려 우리가 스스로 가장 안전하다고 여길 때 모든 것을 잃게 됩니다. 토기장이의 손에 있는 그릇처럼 하나님의 손에 자신을 맡겨 어떠한 저항도 없이 수동적이 되십시오. 주님은 당신의 원하시는 대로 우리를 만들 수도 깨뜨릴 수도 있으십니다. 그릇은 토기장이에게 왜 자신을 그렇게 만들었는지를 묻지 않습니다. 어떠한 그릇으로 만들어질 것인지에 대해서는 토기장이에게 전적으로 맡겨야합니다. 크거나 작거나, 예쁘거나 예쁘지 않는 그릇으로 만드는 것은 토기장이의 마음입니다. 이와 유사한 방식으로 하나님께 전적으로 내어드린 우리 자신들은 우리를 빚으시는 하나님의 손에 달려 있습니다.

# 20장

**예레미야 20:7-8**

여호와여 주께서 나를 권유하시므로 내가 그 권유를 받았사오며 주께서 나보다 강하사 이기셨으므로 내가 조롱거리가 되니 사람마다 종일토록 나를 조롱하나이다. 대저 내가 말할 때마다 외치며 강포와 멸망을 부르짖으오니 여호와의 말씀으로 하여 내가 종일토록 치욕과 모욕거리가 됨이니이다.

주님, 당신의 진리가 늘 세상으로부터 조롱거리가 되어

왔음을 당신도 아십니다. 또한 주님의 진리는 사람들로부터 비난과 논쟁의 대상이 되어왔다는 것도 사실입니다. 주님의 진리를 선포하던 주의 종들은 그 진리를 들어야만 했던 자들로부터 맹렬한 공격을 받아왔습니다. 하나님의 진리를 따라 영적인 삶을 살고 있는 주의 자녀들도 비슷한 방식으로 많은 사람들로부터 조롱을 받아왔습니다. 그러한 까닭에 하나님의 진리를 깨닫는 자나 하나님의 진리를 전하는 자들에게는 종종 인내의 시험이 주어집니다. 왜냐하면 그들이 선포한 하나님의 말씀을 통하여 그들이 기대하는 바를 얻지 못하기 때문입니다. 그래서 그들은 하나님의 말씀을 전해왔던 것에 대해 때로는 후회하기도 합니다. 그러나 이것은 큰 잘못입니다. 이유인즉, 그 결과로 인해 그들에게 돌아오는 것이 조롱받는 것 외에 다른 열매를 맺지 못한다 할지라도 그들은 항상 하나님을 위한 증인으로 준비되어야 하기 때문입니다. 아무리 그들이 거룩하다 할지라도 그들 자신이 기대한 것과는 종종 정반대의 결과를 갖게 되는 것을 볼 때 그들은 주님을 위한 증인으로 살아온 것을 후회합니다. 때로 그들 중에는 자신이 말한 것에 대해 다시 숙고해 보기도 하고 그것이 진정 하나님께로부터 온 것인지에 대한 확신이 흔들리기도 합니다. 그들은 무언가 오류가 있었다고 생각하기도 하고 때로는 하나님이 그들을 낮추기 위해 그렇게 하셨다고 생각하기도 합니다. 하나님의 부르심을 받은 이들이 주의 말씀을 전하는 일을 그 성공 여부에 의해 평가하려고 한다면 그것은 큰 잘못입니다. 그렇게 생각하게 될 때 주님의 부르심을 받은 주의 자녀들은 곤경에 빠지기도 하고 뒤로 주춤하여 물러나기도 하며 하나님의 진리를 위한 증인으로 사는 것을 그만두게 되기도 합니다.

**예레미야 20:9**

**내가 다시는 여호와를 선포하지 아니하며 그 이름으로 말하지 아니하리라 하면 나의 중심이 불붙는 것 같아서 골수에 사무치니 답답하여 견딜 수 없나이다.**

어떠한 저항도 없이 그들 자신을 하나님께 의탁하고 자신의 반성과 불안 속에서도 하나님의 기쁘신 뜻에 따라 하나님을 증거하고 선포하는 일을 하기로 결심하거나 또는 하지 않기로 결심하는 영혼들은 여기서 예레미야 선지자가 회한에 차서 토로하는 것과 같은 심정을 겪은 사람들입니다. 예레미야의 표현은 너무도 절실해서 그러한 경험이 있는 심정들에게 마치 자신들이 겪은 상태를 그대로 옮겨 놓은 듯한 이 구절을 통해 큰 위안을 얻을 것이라고 나는 확신합니다. 또한 주님이 우리로 하여금 하시길 원하시는 것을 수치감이나 두려움 또는 확신의 상실 등으로 인해 주저하게 될 때, 우리 안에는 타오르는 불길이 일어나서 망설이는 그 일을 하지 않을 수 없게 됩니다. 그러나 그 일에 대해 더 미루고 주저한다면 우리의 영혼은 지옥에 떨어진 것처럼 느끼게 됩니다. 그와 같은 시련은 너무도 강하여 우리의 마음은 그것을 더 이상 견딜 수 없게 됩니다. 그럼에도 불구하고 하나님의 부르심을 거부하려는 마음속의 갈등이 지속된다면 결국 그 마음은 부서지고 말 것입니다. 그것은 하나님의 부르심을 거부하고 저항하려고 할 때 생기는 현상입니다. 누구든 이러한 것을 경험하게 될 때 그 일이 무엇이든지 간에 그것이 하나님의 놀라운 역사에 저항한 결과임을 마음 깊이 인식해야 할 것입니다.

## 30장

**예레미야 30:10-11**

그러므로 나 여호와가 말하노라. 내 종 야곱아 두려워 말라. 이스라엘아 놀라지 말라. 내가 너를 원방에서 구원하고 네 자손을 포로 된 땅에서 구원하리니 야곱이 돌아와서 태평과 안락을 얻을 것이라. 너를 두렵게 할 자 없으리라. 나 여호와가 말하노라. 내가 너와 함께하여 너를 구원할 것이라.

하나님께 헌신하고자 자신을 내어드린 영혼들은 시련과

방황 그리고 포로의 삶을 경험하게 됩니다. 그럼에도 불구하고 그들 자신을 전적으로 포기해야 하고 두려운 마음을 버리며 놀라지 말아야 합니다. 왜냐하면 주님께서는 주의 자녀들을 원방에서 구원하실 것이고 당신의 약속하신 때에 그들을 당신에게로 돌아오게 하실 것이기 때문입니다. 주님이 우리의 영혼을 죽음 직전에서 구하시고 또한 방황과 포로의 삶으로부터 구원하실 때 우리는 돌아와 평강과 안위를 누리게 될 것입니다. 그 어느 것도 우리를 두렵게 하지 못할 것은 주께서 우리의 분깃이며 안식처이시기 때문입니다. 주의 자녀들에게 모든 두려움은 사라질 것입니다. 우리의 영혼이 하나님의 임재 안에 소생함을 얻고 하나님 안에 거하는 구원의 기쁨은 우리가 일찍이 기대하고 갈망해 왔던 모든 것을 능가하기 때문입니다.

# 31장

**예레미야 31:23, 25**

나 만군의 여호와 이스라엘의 하나님이 이같이 말하노라. 내가 그 사로잡힌 자를 돌아오게 할 때에 그들이 유다 땅과 그 성읍들에서 다시 이 말을 쓰리니 곧 의로운 처소여, 거룩한 산이여, 여호와께서 네게 복 주시기를 원하노라 할 것이며! 이는 내가 그 피곤한 심령을 만족케 하며 무릇 슬픈 심령을 상쾌케 하였음이니라 하시기로

우리의 영혼은 때로는 이방 땅의 낯선 곳을 떠돌며 방황

하게 되는데, 그것이 주의 자녀들에게는 반드시 필요한 것이기도 합니다. 그러나 그런 길고긴 지친 포로 된 삶은 하나님께서 우리를 부르고 영접하셨음을 우리 스스로 깨닫게 될 때 비로소 끝이 나게 됩니다. 그 때 우리는 다음과 같이 외칠 것입니다: "오! 거룩한 산이여, 그대는 복되며 찬양받기에 합당하도다. 우리 주 하나님의 공의를 발하는 성스러운 처소여! 세상의 모든 의가 사특하며 부패하되 우리 주 하나님의 의로움은 비할 데가 없도다!"

그 때에 물이 말라 가물고 황폐한 땅에서 구원을 갈망하던 슬픈 주의 자녀들은 비로소 거룩한 즐거움의 생명수 강물로 가득 채워질 것입니다. 우리의 영혼은 기근과 죽음, 굶주림과 고난 속에 고통스러웠으나 이제는 하나님이 주시는 기쁨으로 충만하게 될 것입니다. 오! 생명수를 맛보지 못한 자는 그 맛을 알 수도 없으며 상상조차 할 수 없음이여!

# 32장

예레미야 32:37-41

보라. 내가 노와 분과 큰 분노로 그들을 쫓아 보내었던 모든 지방에서 그들을 모아내어 이곳으로 다시 인도하여 안전히 거하게 할 것이라. 그들은 내 백성이 되겠고 나는 그들의 하나님이 될 것이며… 내가 그들에게 복을 주기 위하여 그들을 떠나지 아니하리라 하는 영영한 언약을 그들에게 세우고 나를 경외함을 그들의 마음에 두어 나를 떠나지 않게 하고 내가 기쁨으로 그들에게 복을 주되 정녕히 나의 마음과 정신을 다하여 그들을 이 땅에 심으리라.

하나님은 우리 영혼의 살찜과 우리 자신의 의로 인해 당신의 입으로부터 우리를 토해내시고 우리가 길을 잃고 헤매도록 내버려 두십니다. 그러나 그런 후에는 다시 당신의 품으로 품으실 것이며 우리는 비로소 참된 믿음과 평강 가운데 거하게 될 것입니다. 그리고 다시는 하나님의 품을 떠나 방황하지 않을 것이라는 확신을 갖게 될 것입니다. 오, 주의 자녀들이여! 주님은 진실로 우리의 하나님이시며 우리는 하나님의 뜻을 온전한 기쁨으로 행하는 그의 백성이 될 것입니다. 하나님은 우리에게 하나님과 동행하고자 하는 오직 한 마음을 주셨으며 오로지 주님 안에서만 새로운 삶을 살 수 있게 됩니다. 주님은 오직 한 길, 즉 하나님과의 온전한 연합으로 주의 자녀들을 인도하십니다.

하나님은 주의 자녀들과 영원한 언약을 세우셨습니다. 그것은 확고하고 영원한 하나님과의 하나됨을 의미하며, 주님은 주의 자녀들 가운데 일하시기를 멈추지 아니 하시며 우리들에게 천 배의 축복을 주시고자 하십니다. 자비가 충만하신 주여! 당신은 주의 자녀들에게 다만 선을 행하실 뿐 아니라 그렇게 하시기를 지극히 기뻐하십니다. 우리를 당신 안에 심고 세우시기를 기뻐하십니다. 또한 뿐만 아니라 당신은 당신의 거룩하신 뜻을 행할 수 있는 능력을 주의 자녀들에게 주시고자 합니다. 이토록 주의 말씀과 성령과 사랑은 충만하십니다. 오, 참으로 우리의 시련은 끝이 났으며 오직 풍성한 축복만이 넘쳐남이여!

---

**예레미야 32:42**

나 여호와가 이같이 말하노라. 내가 이 백성에게 이 큰 재앙을 내린 것같이 허락한 모든 복을 그들에게 내리리라.

우리 영혼에 부여하시고 겪게 하셨던 악행의 시간과 우리가 져야했던 십자가들과 우리가 겪었던 그 많은 고통과 시련들을 헤아려 봅시다. 이 모든 것들을 주님께서는 헤아리셨고 그만큼 또는 그 이상의 자비를 또한 준비해두시고 쌓아두셨습니다. 일찍이 엄청난 죄악이 우리의 영혼을 덮쳤으나 이제는 우리 주 하나님께서 당신의 엄청난 부요함으로 우리를 덮으십니다.

# 33장

**예레미야 33:6**

그러나 보라. 내가 이 성을 치료하며 고쳐 낫게 하고 평강과 성실함에 풍성함을 그들에게 나타낼 것이며

하나님은 우리에게 우리 영혼의 상처들을 보여주셨고 우리로 하여금 우리 내면의 죄악들에 빠져있는 슬픈 처지를 인식하게 하셨습니다. 하나님은 당신께서 드러내 보이신 우리 영혼의 상처를 치유하시기 위해 우리 가까이 계십니다. 하나님께서는 삶의 경험이 다소 깊은 영혼들에게는 그들의 모

든 허물을 숨겨주셔서 그들로 하여금 지난 죄과들을 되돌아 보지 않도록 해주십니다. 그리고 때가 되면 그 죄과로 인해 자신의 영혼에 새겨진 수천의 주름들을 보게 하십니다. 보게 하시되 그 주름들을 주님의 손길로 어루만져 없애주시기 위해서입니다. 왜냐하면 우리의 영혼은 우리 안에 주님을 노하게 하는 것이 있다는 사실을 견디지 못하기 때문입니다. 때로 그러한 사실은 하나님께 자신을 온전히 드리는 가장 중요한 일로부터 우리를 훼방하기 때문입니다.

하나님은 우리 영혼에게 평강과 진리 가운데 거하는 참된 기도를 가르쳐 주심으로써 하나님의 마음에 가까이 할 수 있는 방법을 알려 주셨습니다. 주님은 우리의 평강과 진리이시며 오직 우리가 자신을 무익한 존재로 인식할 때, 다시 말해서 우리 자신을 하찮은 존재로 인식하게 될 때 우리는 비로소 평강과 진리이신 하나님께 가까이 갈 수 있습니다. 진정한 지혜는 주님의 참된 기도의 계시에 따라 행할 때 가능한 것입니다.

**예레미야 33:9**

이 성읍이 세계 열방 앞에서 내게 기쁜 이름이 될 것이며
찬송과 영광이 될 것이요. 그들은 나의 이 백성에게 베푼
모든 복을 들을 것이요. 나의 이 성읍에 베푼 모든 복과
모든 평강을 인하여 두려워하며 떨리라.

하나님은 전적으로 자신을 하나님께 내어드린 영혼들에게 부여하시는 모든 선을 통하여 그의 영광을 나타내셨습니다. 또한 그 영광을 보고 듣는 자나 동일한 축복을 구하는 자는 그와 같은 선한 일과 오직 하나님을 의지하는 자에게 예비된 평강을 갈망할 것입니다. 그러나 하나님과 화평을 이루는 참된 길로부터 떠난 자들, 곧 하나님과 동행하지 않는 자들과 그 길 어귀에도 당도하지 않은 자들은 놀라서 두려움에 떨게 될 것입니다. 오! 그토록 위대한 구원의 길을 경멸하고 소홀히 하는 것은 얼마나 큰 손실인지요!

# 34장

**예레미야 34:2**

이스라엘의 하나님 나 여호와가 이같이 말하노라. 너는 가서 유다 왕 시드기야에게 고하여 이르기를 여호와의 말씀에 보라 내가 이 성을 바벨론 왕의 손에 붙이리니 그가 이 성을 불사를 것이라.

선지자들의 기록된 성경을 주의 깊게 읽는 모든 사람들은 하나님께서 가혹한 벌을 주고 황폐케 하실 때는 동시에 반드시 구속과 축복의 풍성함을 약속하신다는 사실에 주목하게 됩니다. 즉 하나님께서 내미시는 자비의 손길이 헛되이 되돌아올 때 비로소 죄악은 불순종하는 영혼들을 공격한다는 것입니다. 이와 같이 모든 일에 있어서의 원인과 결과의 복잡한 관계는 우리에게 아무리 달콤하더라도 덧없는 현존을 의지할 것이 아니라 아무리 심한 고난 중에서라도 소망을 잃지 않아야한다는 교훈을 주고 있습니다. 그럼에도 불구하고 우리는 악의 세력을 홍수와 같이 우리에게 불러들이고 우리 영혼은 영원히 모든 소망을 잃게 되는 수가 있습니다. 하지만 소망이 사라지고 우리 영혼이 비참과 고통의 나락에 처했음을 깨닫게 될 때 놀랍게도 긍휼과 자비를 약속하신 하나님의 언약은 이루어집니다. 반대로 현재의 즐거움이 영원히 지속되리라고 믿고 있을 때에도 극적인 변화는 반드시 임합니다. 따라서 우리는 오래 지속되든 일시적이든 악한 일이나 선한 일에 대해 일희일비하지 말아야 합니다. 악이 영원히 소멸할 때에야 선은 창성할 것이요 영원할 것이기 때문입니다.

## 36장

**예레미야 36:18**

바룩이 대답하되 그가 그 입으로 이 모든 말을 내게 베풀
기로 내가 먹으로 책에 기록하였노라.

선택하신 자들을 통해 일하시고 말씀하시는 이가 하나님이시라면 그 역사와 말씀은 아무런 궁구나 준비나 계획 없이도 진행되는 법입니다. 그것이 하나님의 말씀이요 역사라면 그 일들은 수고나 어려움이나 거리낌 없이 이루어지게 될 것입니다.

**예레미야 36:21, 23**

왕이 여후디를 보내어 두루마리를 가져오게 하매 여후디가 서기관 엘리사마의 방에서 가져다가 왕과 왕의 곁에 선 모든 방백의 귀에 낭독하니. 여후디가 삼편 사편을 낭독하면 왕이 소도로 그것을 연하여 베어 화로 불에 던져서 온 두루마리를 태웠더라.

하나님의 종들이 적은 기록들을 불태우는 것은 오늘날에도 새로운 일은 아닙니다. 만약 그런 일이 가능하다면 그 기록을 적은 사람들까지도 불태웠을 것입니다. 왜냐하면 하나님의 종들이 남기는 기록과 그들이 살아간 삶은 그 기록에 의해 비난 받게 되는 자들에게 걸림돌이 되기 때문입니다.

**예레미야 36:27, 28**

왕이 두루마리와 바룩이 예레미야의 구전으로 기록한 말씀을 불사른 후에 여호와의 말씀이 예레미야에게 임하니라 가라사대, 너는 다시 다른 두루마리를 가지고 유다 왕

여호야김의 불사른 첫 두루마리의 모든 말을 기록하고,
이에 예레미야가 다른 두루마리를 취하여 네리야의 아들
서기관 바룩에게 주매 그가 유다 왕 여호야김의 불사른
책의 모든 말을 예레미야의 구전대로 기록하고 그 외에도
그 같은 말을 많이 더하였더라.

오, 주 하나님이여, 당신은 당신의 팔을 거두지 아니하셨습니다! 당신의 말씀은 선포되어야 하고, 당신의 종들은 당신의 거룩한 뜻에 따라 그 말씀을 거듭 반복할 것입니다. 거룩한 말씀은 그것을 파괴하려고 했던 똑같은 방식으로 널리 선포되었습니다. 예수 그리스도의 교회가 그의 증인들의 피에 의해 세워졌던 것처럼 성경은 그에 맞서 일어났던 전쟁을 통해 더욱 널리 알려지게 되었습니다.

# 38장

**예레미야 38:6**

그들이 예레미야를 취하여 시위대 뜰에 있는 왕의 아들 말기야의 구덩이에 던져 넣을 때에 예레미야를 줄로 달아 내리웠는데 그 구덩이에는 물이 없고 진흙 뿐이므로 예레미야가 진흙 중에 빠졌더라.

진리를 선포하는 자들에 대한 극심한 박해와 탄압 속에서도 예레미야를 비롯한 수많은 성도들이 보여주는 믿음의 확고함은 우리의 경탄을 불러일으킵니다. 그들은 마치 사냥

감처럼 쫓기었고 지극히 수치스럽게 다루어졌습니다. 그들은 진흙과 혼돈의 구덩이에 던져졌고 사망의 골짜기에 버려졌습니다. 그러나 이러한 모든 잔혹함 앞에서도 그들은 소망을 버리지 아니하였습니다. 무엇보다도 하나님의 입으로부터 나오는 진리에 대한 확고한 믿음을 그들은 결코 내려놓지 않았습니다. 그렇습니다. 하나님의 거룩하신 뜻을 이루기 위해 그들의 생명을 내어놓을 준비가 된 그들에게 자신의 생명은 그리 귀한 것이 아니었습니다.

---

**예레미야 38:20, 21, 23**

예레미야가 가로되 그 무리가 왕을 그들에게 붙이지 아니하리이다. 원하옵나니 내가 왕에게 고한바 여호와의 목소리를 청종하소서. 그리하면 왕이 복을 받아 생명을 보존하시리이다…그러나 만일 항복하기를 거절하시면 여호와께서 내게 보이신 말씀대로 되리이다. 네 아내들과 자녀는 갈대아인에게로 끌어냄을 입겠고 너는 그들의 손에서 벗어나지 못하고 바벨론 왕의 손에 잡히리라. 또 네가 이 성으로 불사름을 입게 하리라 하셨나이다.

구사일생으로 던져졌던 구덩이에서 끌어올려진 후에도 예레미야는 다시 그 속에 던져져 죽을지도 모른다는 두려움에 사로잡히지 않고 대담하게 진리를 거듭해서 선포했습니다. 자신의 혹독한 시련에도 불구하고 주의 백성들에 대한 그의 사랑은 무디어지거나 꺼지지 않았습니다. 오히려 그는 그 이전보다 더 열심히 강하게 자신을 그토록 잔인하게 박해하는 왕과 이스라엘의 통치자들에게 하나님의 목소리를 청종하도록 권고합니다. 그 권고는 그들에 대한 연민으로 가득 찬 간청이 되기까지 합니다. '당신들에게 말하는 이는 내가 아니요 내 입을 빌어 말씀하시는 하나님이십니다. 하나님의 말씀을 청종하십시오. 그러면 당신들에게 복이 있을 것입니다. 하지만 만약 당신들이 하나님의 목소리를 청종하지 않으면 당신들은 결국 이방의 포로가 될 것이며 그것을 지켜보는 내 마음은 당신들을 위해 아파할 것입니다.' 하나님의 사람들이 멸시와 증오로 박해받는 것은 그들이 바로 진리를 말한다는 사실 때문입니다. 그들이 말하는 진리가 그들을 포악으로 위협하고 멸시로 조롱하는 바로 그 사람들에게 유익한 것임에도 말입니다. 그들은 적들을 구원하기 위해 자신들의 생활들을 노출시킵니다. 그럼에도 불구하고 하나님의 사람을 박해하는 자들의 맹목성은 실로 커서 그들에 대한 사랑과 진심마저도 그들에게는 격노만을 불러일으킬 뿐입니다.

# 39장

**예레미야 39:3, 6, 7**

바벨론 왕의 모든 방백이 이르러 중문에 앉으니 곧 네르갈사레셀과 삼갈르보와 환관장 살스김과 박사장 네르갈사레셀과 바벨론 왕의 기타 모든 방백들이었더라…바벨론 왕이 립나에서 시드기야의 목전에서 그 아들들을 죽였고 왕이 또 유다의 모든 귀인을 죽였으며… 왕이 또 시드기야의 눈을 빼게 하고 바벨론으로 옮기려 하여 사슬로 결박하였더라.

왕과 방백들과 백성들은 하나님의 종들이 전한 말씀을 청종하지 않았습니다. 그러나 그들이 귀 기울이지 않은 그 일들이 그들에게 너무나도 빨리 실현되어 닥쳐왔습니다. “우리는 평강과 부요 속에 거하고 있다”라고 그들은 스스로에게 말했지만 그들이 믿지 않으려 했던 일들이 그들에게 실제로 일어난 것입니다. 하나님의 말씀을 통해 참된 평화가 그들에게 베풀어졌을 때, 그것이 손만 뻗으면 얻을 수 있는 가까운 거리에 있었을 때, 그들은 그 평화를 취하지 않았던 것입니다.

**예레미야 39:12**

그를 데려다가 선대하고 해하지 말며 그가 네게 말하는 대로 행하라.

하나님의 종들은 그들의 동족 이스라엘 사람들보다도 오히려 이방인들에게서 호의를 받습니다. 하나님은 자신의 종들을 특별히 돌보시어 그들이 예언한 그 파멸 속에서도 그들 자신은 해악을 받지 않도록 하시기 때문입니다.

# 42장

**예레미야 42:9, 10, 13, 16**

그들에게 이르되 너희가 나를 보내어 너희의 간구를 이스라엘의 하나님 여호와께 드리게 하지 아니하였느냐 그가 가라사대, 너희가 이 땅에 여전히 거하면 내가 너희를 세우고 헐지 아니하며 너희를 심고 뽑지 아니하리니 이는 내가 너희에게 내린 재앙에 대하여 뜻을 돌이킴이니라. 그러나 만일 너희가 너희 하나님 여호와의 말씀을 순복치 아니하고 말하기를 우리는 이 땅에 거하지 아니하리라 하며, 너희의 두려워하는 칼이 애굽 땅으로 따라가서 너희에게 미칠 것이요. 너희의 두려워하는 기근이 애굽으로

급히 따라가서 너희에게 임하리니 너희가 거기서 죽을 것이라.

우리 영혼이 하나님께 순종하여 황무하고 패망한 땅일지라도 하나님이 주신 땅을 떠나지 않고 살기로 작정할 때, 하나님 외에 다른 어떤 곳에서도 피난처를 구하지 않을 때, 하나님의 뜻에 전적으로 맡기는 삶을 살기로 작정할 때, 그리고 우리들 자신에서 비롯되는 욕망이나 일어날 일에 대한 어떠한 근심까지도 버릴 때, 오 그때서야 하나님께서는 우리 영혼을 인도하실 것입니다. 하나님께서는 완전히 파멸에 처한 것들을 놀랍게 다시 세우실 것입니다. 하나님께서는 당신의 울타리 안에 우리 영혼을 다시 심을 것이며, 우리가 견고한 뿌리를 내리도록 보살피실 것입니다. 그렇습니다. 하나님께서 일찍이 버렸던 자들에게까지도 그렇게 하실 것입니다. 하나님께서는 그들도 흡족하게 여기십니다. 인간적으로 말해서, 하나님은 한때 그들에게 악의 세력이 틈타도록 내버려두셨던 것을 후회하시기까지 합니다.

그러나 만약 우리의 영혼이 자신을 부인하기를 거부하

거나 하나님께서 정하신 우리의 마땅한 처소를 떠나려한다면, 끊임없는 자기부인을 명하시는 하나님 당신의 목소리를 청종하려 하지 않는다면, 또한 우리 영혼이 하나님께서 우리로 하여금 멀리 하기를 원하시는 그런 습성들이나 이 세상의 어떠한 피조물에 의한 위로와 안위를 통해 만족과 피난처를 추구한다면, 우리가 두려워하는 바로 그 칼이 우리 영혼을 내리칠 것입니다.

오, 슬픔과 고통 가운데 거하는 자들은 누구든지 하나님께 더 가까이 나아가 의존하여야 합니다. 자신을 주님께 내어드리고 영원히 주님 안에 거해야 합니다. 만약 우리가 자신의 힘과 능력으로 무엇인가를 이루고자 한다면 그것은 곧 하나님의 보호를 거절하는 것이며 결국 하나님으로부터 소원해지는 것입니다. 그렇습니다. 우리는 우리 스스로를 구원하기 위해 했던 바로 그 일로 인해 멸망하게 될 것입니다. 우리 자신을 하나님께 내어드리고 그분의 인도하심에 맡겨야 합니다. 이것이 우리의 영혼을 죄악으로부터 치유받게 하며, 근원적인 악을 제거하는 유일한 수단인 것입니다.

# 43장

**예레미야 43:1, 2**

예레미야가 모든 백성에게 그들의 하나님 여호와의 말씀 곧 그들의 하나님 여호와께서 자기를 보내사 그들에게 이르게 하신 이 모든 말씀을 다 말하매… 모든 교만한 자가 예레미야에게 말하여 가로되 네가 거짓을 말하는도다. 우리 하나님 여호와께서는 너희는 애굽에 거하려고 그리로 가지 말라고 너를 보내어 말하게 하지 아니하셨느니라.

스스로 자신을 강하다고 여기며 그들 자신의 인간적인

지혜를 자랑하며 내세우는 사람들이 말하기를 "하나님께서 우리를 구원해 주실 것이라고 기다리면서 자기희생을 치르며 잠잠히 있는 것이 옳지 않다. 이것은 실책이며 거짓말이며 허위에 불과하다! 우리 스스로를 구원하기 위해서 문명의 땅인 이집트로 내려가자"라고 합니다. 우리 영혼이 영위하는 단순하고 소박한 삶에서 벗어나 우리의 육신에 익숙한 세상의 조직적이고 체계적인 방식으로 살기 위해 돌아가자고 외치는 사람들은 하나님과 그분의 영을 잘 모르는 사람들입니다. 그들은 실책하는 영을 가지고 있으며 그들이 말하는 것이 다름아닌 기만과 죽음입니다. 그것은 세상의 방식, 세상의 유전에 불과한 충고입니다. 포학한 자들과 교만한 자들이 매일 이러한 충고를 들려줍니다.

---

**예레미야 43:4, 5, 7**

모든 군대 장관과 모든 백성이 유다 땅에 거하라 하시는 여호와의 목소리를 청종치 아니하고… 모든 군대 장관이 유다의 남은 자 곧 쫓겨났던 열방 중에서 유다 땅에 거하려 하여 돌아온 자… 애굽 땅에 들어가 다바네스에 이르

렀으니 그들이 여호와의 목소리를 청종치 아니함이 이러하였더라.

그들은 자신을 철저히 포기하고 유다 땅에 거하기를 권하는 내면의 소리 곧 하나님의 음성에 청종하려 하지 않습니다. 그들은 유다 땅에 거하는 남은 자, 즉 강한 자와 약한 자를 막론하고 여호와의 입에서 나오는 길과 진리와 생명의 말씀보다는 율법을 굳게 믿는 서기관들의 목소리를 청종하는 자들을 데리고 그들 자신의 힘을 의지하여 계속 전진하려고 합니다. 그리고 그들은 이미 많은 백성이 이주해 간 애굽으로 돌아갑니다. 그들은 하나님 앞에서의 겸양을 한 줌 바람에 날려 보냅니다. 그들은 창조주이신 하나님의 돌보심에 자신을 내어드리지 않습니다. 그들은 순박하고 평화로운 옛 유다의 삶의 방식을 혐오합니다. 그들은 애굽으로 가길 원하며 그곳에서 여기저기 방황하며 길을 잃고 헤매게 됩니다. 그리하여 그곳에 거하는 동안에는 그들은 죄악의 치유를 받지 못하며 이전보다 천 배나 더 깊은 죄의 나락에 빠져들게 됩니다.

# 순전한 나드 도서안내 02-574-6702

| No. | 도서명 | 저자 | 정가 |
|---|---|---|---|
| 1 | 존 비비어의 승리〈개정판〉 | 존 비비어 | 12,000 |
| 2 | 교회를 뒤흔드는 악령을 대적하라 | 프랜시스 프랜지팬 | 5,000 |
| 3 | 교회를 어지럽히는 험담의 악령을 추방하라 | 프랜시스 프랜지팬 | 5,000 |
| 4 | 그리스도인의 삶의 비결〈개정판〉 | 진 에드워드 | 9,000 |
| 5 | 존 비비어의 친밀감〈개정판〉 | 존 비비어 | 14,000 |
| 6 | 내 백성을 자유케 하라 | 허철 | 10,000 |
| 7 | 내게 신선한 기름을 부으셨나이다 | 허철 | 9,000 |
| 8 | 내어드림 | 페늘롱 | 7,000 |
| 9 | 다가올 전환 | 래리 랜돌프 | 9,000 |
| 10 | 당신도 예언할 수 있다 | 스티브 탐슨 | 13,000 |
| 11 | 당신은 예수님의 재림에 준비가 되어 있습니까? | 메릴린 히키 | 13,000 |
| 12 | 당신은 치유받기 원하는가 | 체 안 | 8,000 |
| 13 | 당신의 기도에 영적 권위가 있습니까? | 바바라 윈트로블 | 9,000 |
| 14 | 더 넓게 더 깊게 | 메릴린 앤드레스 | 13,000 |
| 15 | 두려움을 조장하는 악령을 물리치라 | 드니스 프랜지팬 | 5,000 |
| 16 | 마켓플레이스 크리스천〈개정판〉 | 로버트 프레이저 | 9,000 |
| 17 | 존 비비어의 축복의 통로〈개정판〉 | 존 비비어 | 8,000 |
| 18 | 믿음으로 질병을 치유하라〈개정판〉 | T.L. 오스본 | 25,000 |
| 19 | 부서트리고 무너트리는 기름 부으심 | 바바라 J. 요더 | 8,000 |
| 20 | 사도적 사역 | 릭 조이너 | 12,000 |
| 21 | 사사기 | 잔느 귀용 | 7,000 |
| 22 | 사업을 위한 기름 부으심〈개정판〉 | 에드 실보소 | 10,000 |
| 23 | 상한 마음을 치유하는 기도 | 마크 버클러 | 15,000 |
| 24 | 상한 영의 치유1 | 존 & 폴라 샌드포드 | 17,000 |
| 25 | 상한 영의 치유2 | 존 & 폴라 샌드포드 | 13,000 |
| 26 | 성령님을 아는 놀라운 지식 | 허 철 | 10,000 |
| 27 | 속사람의 변화 1 | 존 & 폴라 샌드포드 | 11,000 |
| 28 | 속사람의 변화 2 | 존 & 폴라 샌드포드 | 13,000 |
| 29 | 신부의 중보기도 | 게리 윈스 | 11,000 |
| 30 | 십자가의 왕도 | 페늘롱 | 8,000 |
| 31 | 아가서 | 잔느 귀용 | 11,000 |
| 32 | 악의 속박으로부터의 자유 | 릭 조이너 | 9,000 |
| 33 | 어머니의 소명 | 리사 하텔 | 12,000 |
| 34 | 여정의 시작 | 릭 조이너 | 13,000 |
| 35 | 영광스러운 교회에 보내는 메시지 1 | 릭 조이너 | 10,000 |
| 36 | 영광스러운 교회에 보내는 메시지 2 | 릭 조이너 | 10,000 |
| 37 | 영분별 | 프랜시스 프랜지팬 | 3,500 |
| 38 | 영으로 대화하시는 하나님 | 래리 랜돌프 | 8,000 |
| 39 | 영적 전투의 세 영역〈개정판〉 | 프랜시스 프랜지팬 | 11,000 |
| 40 | 예레미야 | 잔느 귀용 | 6,000 |
| 41 | 예수 그리스도와의 친밀함 | 잔느 귀용 | 7,000 |
| 42 | 예수님을 닮은 삶의 능력〈개정판〉 | 프랜시스 프랜지팬 | 12,000 |
| 43 | 예수님을 향한 열정〈개정판〉 | 마이크 비클 | 12,000 |
| 44 | 잔느 귀용의 요한계시록〈개정판〉 | 잔느 귀용 | 13,000 |
| 45 | 인간의 7가지 갈망하는 마음 | 마이크 비클 | 11,000 |
| 46 | 저주에서 축복으로 | 데릭 프린스 | 6,000 |
| 47 | 주님, 내 마음을 열어주소서 | 캐티 오츠 & 로버트 폴 램 | 9,000 |
| 48 | 지구상에서 가장 강력한 기도 | 피터 호로빈 | 7,500 |
| 49 | 지금은 싸워야 할 때 | 프랜시스 프랜지팬 | 8,000 |
| 50 | 천국경제의 열쇠 | 샨 볼츠 | 8,000 |
| 51 | 천국방문〈개정판〉 | 애나 로운튜리 | 11,000 |
| 52 | 축사사역과 내적치유의 이해 가이드 | 존 & 마크 샌드포드 | 20,000 |
| 53 | 출애굽기 | 잔느 귀용 | 10,000 |
| 54 | 하나님과 동행하는 사람들〈개정판〉 | 샨 볼츠 | 9,000 |
| 55 | 하나님과 사람에게 더욱 사랑스러운 자 | 듀안 벤더 클럭 | 10,000 |
| 56 | 하나님과의 연합 | 잔느 귀용 | 7,000 |
| 57 | 하나님을 연인으로 사랑하는 즐거움 | 마이크 비클 | 13,000 |

| No. | 도서명 | 저자 | 정가 |
|---|---|---|---|
| 58 | 하나님 마음에 합한 사람 | 마이크 비클 | 13,000 |
| 59 | 하나님의 심정 묵상집 | 페늘롱 | 8,500 |
| 60 | 하나님의 아름다움을 바라보는 축복 | 허 철 | 10,000 |
| 61 | 하나님의 요새〈개정판〉 | 프랜시스 프랜지팬 | 9,000 |
| 62 | 하나님의 음성을 듣는 방법〈개정판〉 | 마크 & 패티 버클러 | 15,000 |
| 63 | 하나님의 장군의 일기〈개정판〉 | 잔 G. 레이크 | 6,000 |
| 64 | 항상 배가하는 믿음〈개정판〉 | 스미스 위글스워스 | 13,000 |
| 65 | 항상 부족함이 없으리로다 | 하이디 베이커 | 8,000 |
| 66 | 혼동으로부터의 자유 | 릭 조이너 | 5,000 |
| 67 | 혼의 묶임을 파쇄하라 | 빌 & 수 뱅크스 | 10,000 |
| 68 | 존 비비어의 회개〈개정판〉 | 존 비비어 | 11,000 |
| 69 | 횃불과 검 | 릭 조이너 | 8,000 |
| 70 | 금식이 주는 축복 | 마이크 비클 & 다나 캔들러 | 12,000 |
| 71 | 부활 | 벤 R. 피터스 | 8,000 |
| 72 | 거절의 상처를 치유하시는 하나님 | 데릭 프린스 | 6,000 |
| 73 | 그리스도의 제사장적 신부 | 애나 로운튜리 | 13,000 |
| 74 | 존 비비어의 분별력〈개정판〉 | 존 비비어 | 13,000 |
| 75 | 통제 불능의 상황에서도 난 즐겁기만 하다 | 리사 비비어 | 12,000 |
| 76 | 어린이와 십대를 위한 축사사역 | 빌 뱅크스 | 11,000 |
| 77 | 빛은 어둠 속에 있다 | 패트리샤 킹 | 10,000 |
| 78 | 목적으로 나아가는 길 | 드보라 조이너 존슨 | 8,000 |
| 79 | 컴 투 파파 | 게리 윈스 | 13,000 |
| 80 | 러쉬 아워 | 슈프레자 싯홀 | 9,000 |
| 81 | 지도자의 넘어짐과 회복 | 웨이드 굿데일 | 12,000 |
| 82 | 하나님의 일곱 영 | 키이스 밀러 | 13,000 |
| 83 | 너희 지체를 의의 병기로 하나님께 드리라 | 허 철 | 8,000 |
| 84 | 추수의 비전 | 릭 조이너 | 8,000 |
| 85 | 하나님의 집 | 프랜시스 프랜지팬 | 11,000 |
| 86 | 왕의 자녀의 초자연적인 삶 | 빌 존슨 & 크리스 밸러턴 | 13,000 |
| 87 | 초자연적 능력의 회전하는 그림자 | 줄리아 로렌 & 빌 존슨 & 마헤쉬 차브다 | 13,000 |
| 88 | 언약기도의 능력 | 프랜시스 프랜지팬 | 8,000 |
| 89 | 꿈의 언어 | 짐 골 & 미쉘 앤 골 | 13,000 |
| 90 | 믿음으로 산 증인들 | 허 철 | 12,000 |
| 91 | 욥기 | 잔느 귀용 | 13,000 |
| 92 | 포로들을 해방시키라 | 앨리스 스미스 | 13,000 |
| 93 | 나라를 변화시킨 비전: 윌리엄 테넌트의 영적인 유산 | 존 한센 | 8,000 |
| 94 | 세상을 다스리는 권세의 회복 | 레베카 그린우드 | 10,000 |
| 95 | 창세기 주석 | 잔느 귀용 | 12,000 |
| 96 | 하나님의 강 | 더치 쉬츠 | 13,000 |
| 97 | 당신의 운명을 장악하라 | 알렌 키란 | 13,000 |
| 98 | 용서를 선택하기 | 존 로렌 & 폴라 샌드포드 & 리 바우먼 | 11,000 |
| 99 | 자살 | 로렌 타운젠드 | 10,000 |
| 100 | 레위기 · 민수기 · 신명기 주석 | 잔느 귀용 | 12,000 |
| 101 | 그리스도인의 영적혁명 | 패트리샤 킹 | 11,000 |
| 102 | 초자연적 중보기도 | 레이첼 힉슨 | 13,000 |
| 103 | 나는 하나님의 음성을 듣는다 | 킴 클레멘트 | 11,000 |
| 104 | 하나님의 초자연적인 능력 | 바비 코너 | 11,000 |
| 105 | 거룩과 진리와 하나님의 임재 | 프랜시스 프랜지팬 | 9,000 |
| 106 | 사랑하는 하나님 | 마이크 비클 | 15,000 |
| 107 | 일곱 교회 이기는 자에게 주시는 축복 | 허 철 | 9,000 |
| 108 | 은밀한 처소 | 데일 파이프 | 13,000 |
| 109 | 일곱 산에 관한 예언〈개정판〉 | 조니 앤로우 | 13,000 |
| 110 | 일터에 영광이 회복되다 | 리차드 플레밍 | 12,000 |
| 111 | 초자연적 경험의 신비 | 짐 골 & 줄리아 로렌 | 13,000 |
| 112 | 웃겨야 살아난다 | 피터 와그너 | 8,000 |
| 113 | 폭풍의 전사 | 마헤쉬 & 보니 차브다 | 13,000 |
| 114 | 천국 보좌로부터 온 전략 | 샌디 프리드 | 11,000 |

| No. | 도서명 | 저자 | 정가 |
|---|---|---|---|
| 115 | 영향력 | 윌리엄 L. 포드 3세 | 11,000 |
| 116 | 속죄 | 데릭 프린스 | 13,000 |
| 117 | 신의 성품에 참예하는 자 | 허 철 | 8,000 |
| 118 | 예언, 꿈, 그리고 전도 | 덕 애디슨 | 13,000 |
| 119 | 아가페, 사랑의 길 | 밥 멈포드 | 13,000 |
| 120 | 불타오르는 사랑 | 스티브 해리슨 | 12,000 |
| 121 | 그 이상을 갈망하라! | 랜디 클락 | 13,000 |
| 122 | 능력, 성결, 그리고 전도 | 랜디 클락 | 13,000 |
| 123 | 종교의 영 | 토미 펨라이트 | 11,000 |
| 124 | 예기치 못한 사랑 | 스티브 J. 힐 | 10,000 |
| 125 | 모르드개의 통곡 | 로버트 스턴스 | 13,500 |
| 126 | 1세기 교회사 | 릭 조이너 | 12,000 |
| 127 | 예수님의 얼굴〈개정판〉 | 데이비드 E. 테일러 | 13,000 |
| 128 | 토기장이 하나님 | 마크 핸비 | 8,000 |
| 129 | 존중의 문화〈개정판〉 | 대니 실크 | 13,000 |
| 130 | 제발 좀 성장하라! | 데이비드 레이븐힐 | 11,000 |
| 131 | 정치의 영 | 파이살 말릭 | 12,000 |
| 132 | 이기는 자의 기름 부으심 | 바바라 J. 요더 | 12,000 |
| 133 | 치유 사역 훈련 지침서 | 랜디 클락 | 12,000 |
| 134 | 헤븐 | 데이비드 E. 테일러 | 13,000 |
| 135 | 더 크라이 | 키스 허드슨 | 11,000 |
| 136 | 천국 여행 | 리타 베넷 | 14,000 |
| 137 | 파수 기도의 숨은 능력 | 마헤쉬 & 보니 차브다 | 13,000 |
| 138 | 지저스 컬처 | 배닝 립스처 | 12,000 |
| 139 | 넘치는 기름 부음 | 허 철 | 10,000 |
| 140 | 거룩한 대면 | 그래함 쿡 | 23,000 |
| 141 | 선지자 학교 | 조나단 웰튼 | 12,000 |
| 142 | 믿음을 넘어선 기적 | 데이브 헤스 | 10,000 |
| 143 | 꿈 상징 사전 | 조 이보지 | 8,000 |
| 144 | 삶을 변화시키는 성령의 권능 | 스티븐 브룩스 | 11,000 |
| 145 | 잔 G. 레이크의 치유 | 잔 G. 레이크 | 13,000 |
| 146 | 영적 전쟁의 일곱 영 | 제임스 A. 더함 | 13,000 |
| 147 | 기적의 방을 만들라 | 마헤쉬 & 보니 차브다 | 12,000 |
| 148 | 개인적 예언자 | 미키 로빈슨 | 13,000 |
| 149 | 어둠의 영을 축사하라 | 짐 골 | 13,000 |
| 150 | 보좌를 향하여 | 폴 빌하이머 | 10,000 |
| 151 | 적그리스도의 영을 정복하라 | 샌디 프리드 | 13,000 |
| 152 | 성령님 알기 | 마헤쉬 & 보니 차브다 | 12,000 |
| 153 | 십자가의 권능 | 마헤쉬 & 보니 차브다 | 13,000 |
| 154 | 성령이 이끄시는 성공 | 대니 존슨 | 13,000 |
| 155 | 축복의 능력 | 케리 커크우드 | 13,000 |
| 156 | 하나님의 호흡 | 래리 랜돌프 | 11,000 |
| 157 | 아름다운 상처 | 룩 홀터 | 11,000 |
| 158 | 하나님의 길 | 덕 애디슨 | 13,000 |
| 159 | 천국 체험 | 주디 프랭클린 & 베니 존슨 | 12,000 |
| 160 | 당신의 사명을 깨우라 | M. K. 코미 | 11,000 |
| 161 | 하나님 나라의 경제 비밀 | 폴 L. 커니 | 11,000 |
| 162 | 기독교의 유혹 | 질 섀넌 | 25,000 |
| 163 | 우리가 몰랐던 천국의 자녀양육법 | 대니 실크 | 12,000 |
| 164 | 압도적인 영광의 소리 | 제프 젠슨 | 12,000 |
| 165 | 영혼을 살리는 민감함 | 캐롤 A. 브라운 | 13,000 |
| 166 | 임재의 능력 | 매트 소거 | 12,000 |
| 167 | 예수의 책 | 마이클 코울리아노스 | 13,000 |
| 168 | 신앙의 기초 세우기 | 래리 크레이더 | 13,000 |
| 169 | 내 인생을 바꿔 줄 최고의 여행 | 제이 스튜어트 | 12,000 |
| 170 | 시간 & 영원 | 조슈아 밀즈 | 10,000 |
| 171 | 거룩한 흐름, 분위기 | 조슈아 밀즈 | 10,000 |

| No. | 도서명 | 저자 | 정가 |
|---|---|---|---|
| 172 | 하이디 베이커의 사랑 | 하이디 & 롤랜드 베이커 | 13,000 |
| 173 | 하나님의 임재 | 빌 존슨 | 13,000 |
| 174 | 영광의 사역 | 제프 젠슨 | 12,000 |
| 175 | 초자연적 기름부음 | 줄리아 로렌 | 12,000 |
| 176 | 중보기도의 용사 | 제임스 A. 더함 | 13,000 |
| 177 | 하나님의 갈망 | 제임스 A. 더함 | 14,000 |
| 178 | 천상의 천사 | 케빈 바스코니 | 13,000 |
| 179 | 형통의 문을 여는 31가지 선포기도 | 케빈 & 캐티 바스코니 | 5,000 |
| 180 | 주님의 안식 | 케빈 바스코니 & 폴 L. 콕스 | 14,000 |
| 181 | 임박한 하나님의 때 | R. 로렌 샌드포드 | 13,000 |
| 182 | 하나님을 향한 울부짖음 | 바바라 J. 요더 | 12,000 |
| 183 | 춤추는 하나님의 손 | 제임스 말로니 | 37,000 |
| 184 | 참소자를 잠잠케 하라 | 샌디 프리드 | 13,000 |
| 185 | 영광이란 무엇인가? | 폴 맨워링 | 14,000 |
| 186 | 내일의 기름부음 | R. T. 켄달 | 13,000 |
| 187 | 영적 전투를 위한 전신갑주 | 크리스 밸러턴 | 12,000 |
| 188 | 성령을 소멸치 않는 삶 | R. T. 켄달 | 13,000 |
| 189 | 초자연적인 삶 | 아담 F. 톰슨 | 10,000 |
| 190 | 한계를 돌파하라 | 샌디 프리드 | 13,000 |
| 191 | 블러드문 | 마크 빌츠 | 11,000 |
| 192 | 마지막 부흥을 위하여 | 시드 로스 | 10,000 |
| 193 | 하나님의 권능 안에 살기 | 잔 G. 레이크 | 14,000 |
| 194 | 구약에서 일어난 모든 일들 | 윌리엄 H. 마티 | 13,000 |
| 195 | 신약에서 일어난 모든 일들 | 윌리엄 H. 마티 | 11,000 |
| 196 | 광야 탈출을 위한 40일 집중기도 | 샌디 프리드 | 7,000 |
| 197 | 드보라 군대 | 제인 해몬 | 14,000 |
| 198 | 거룩한 불 | R. T. 켄달 | 13,000 |
| 199 | 성령에 압도되다 | 제임스 말로니 | 12,000 |
| 200 | 기적 안에 걷는 삶 | 캐더린 로날라 | 12,000 |
| 201 | 당신의 자녀를 향한 하나님의 65가지 약속 | 마이크 슈리브 | 8,000 |
| 202 | 무슬림 소녀, 예수님을 만나다 | 사마 하비브 & 보디 타이니 | 13,000 |
| 203 | 스미스 위글스워스의 병 고침〈개정판〉 | 스미스 위글스워스 | 12,000 |
| 204 | 뇌의 스위치를 켜라 | 캐롤라인 리프 | 13,000 |
| 205 | 약속된 시간 | 제임스 A. 더함 | 13,000 |
| 206 | 실패를 딛고 일어서는 믿음 | 샌디 프리드 | 12,000 |
| 207 | 스미스 위글스워스의 성령의 은사〈개정판〉 | 스미스 위글스워스 | 13,000 |
| 208 | 끝날 때까지 끝난 것이 아니다 | R. T. 켄달 | 15,000 |
| 209 | 완전한 기억 | 마이클 A. 댄포스 | 10,000 |
| 210 | 금촛대 중보자들 1 | 제임스 말로니 | 15,000 |
| 211 | 마지막 때와 이슬람 | 조엘 리처드슨 | 15,000 |
| 212 | 사탄의 전략 | 페리 스톤 | 14,000 |
| 213 | 질투 | R. T. 켄달 | 14,000 |
| 214 | 죽음에서 생명으로 | 라인하르트 본케 | 12,000 |
| 215 | 금촛대 중보자들 2 | 제임스 말로니 | 13,000 |

PURE 순전한 나드 NARD